LES MYSTÈRES

DES POMPES FUNÈBRES DE LA VILLE DE PARIS

DÉVOILÉS

PAR LES ENTREPRENEURS EUX-MÊMES

SUIVI

des feuilles pour le règlement général des convois
d'après les tarifs du Cahier des charges

ET DU DÉCRET DU 2 OCTOBRE 1852

PAR M. BALARD

Ancien Convoyeur de la ville de Paris, Directeur du Bureau
des Voitures et Transports

SAINTE-CROIX-DE-LA-BRETONNERIE, 44

PARIS
ÉMILE ALLARD, RUE D'ENGHIEN, 11

1858

EN VENTE CHEZ L'AUTEUR

14, rue Sainte-Croix de la Bretonnerie, 14.

LES MYSTÈRES

DES

POMPES FUNÈBRES

De la Ville de Paris,

Dévoilés par les entrepreneurs eux-mêmes, suivi d'un *Guide des Familles pour le réglement général des convois,* d'après les tarifs du cahier des charges homologué par décret du 20 octobre 1852, par M. BALARD, ancien ordonnateur des convois de la ville de Paris, directeur du bureau des sépultures et transports. 1 vol. in-8° de 256 pages. Prix : 5 fr.

GUIDE DES FAMILLES

OU

LE CAHIER DES CHARGES DU SERVICE DES INHUMATIONS EXPLIQUÉ

Pour le réglement général des convois, avec les tableaux des différentes classes, par le même auteur. Brochure in-8° de 24 pages. Prix : 75 c.

Nous trouvons dans *le Mémorial d'Amiens,* du 18 courant, la mention suivante :

« M. Balard, ancien ordonnateur des convois de la
» ville de Paris, aujourd'hui entrepreneur de transports,
» *rue Sainte-Croix de la Bretonnerie,* 14, a fait hom-
» mage à notre bibliothèque communale d'un ouvrage
» intitulé : *les Mystères des Pompes funèbres de la*
» *ville de Paris, dévoilés par les entrepreneurs eux-*
» *mêmes.* M. le Maire d'Amiens, au nom du conseil
» municipal, a adressé des remercîments au donateur. »

(Extrait du *Journal général de l'Imprimerie et de la Librairie* IIe série, tome Ier, 21 février 1857.)

Paris.—Typ. Beaulé, rue Jacques de Brosse, 10.

1857

LES MYSTÈRES

DES

POMPES FUNÈBRES DE LA VILLE DE PARIS

DÉVOILÉS

PAR LES ENTREPRENEURS EUX-MÊMES

SUIVI

Du Guide des familles pour le règlement général des Convois,
d'après les tarifs du Cahier des charges,

HOMOLOGUÉ PAR DÉCRET DU 2 OCTOBRE 1852.

PAR M. BALARD

Ancien Ordonnateur des Convois de la ville de Paris, Directeur du Bureau
de Sépultures et Transports,

RUE SAINTE-CROIX-DE-LA-BRETONNERIE, 14.

—————

PARIS

IMPRIMERIE D'EMILE ALLARD, RUE D'ENGHIEN, 14.

1856

SERVICE DES INHUMATIONS

POMPES FUNÈBRES

EXTRAIT

DU

RÉGULATEUR GÉNÉRAL

DES CONVOIS, POMPES FUNÈBRES ET INHUMATIONS

DE LA VILLE DE PARIS.

Par J.-B. MESNARD.

1845.

Cette brochure a été attribuée par l'Entrepreneur d'alors, et par M. Balard, ordonnateur, à M. Léon Vafflard. Ces deux messieurs, attaqués et nommés dans cet opuscule, ont cru devoir protester par lettres officielles auprès de M. le Préfet de la Seine, et n'ont pas hésité à désigner M. Léon Vafflard comme auteur des faits dont ils avaient à se plaindre. Nous n'avons pas appris que M. L. Vafflard ait protesté de son côté contre cette attribution qui lui était faite. Bien plus; quelque temps après, il a publié et signé lui-même une autre brochure extraite de celle dont nous nous occupons en ce moment, et que nous citerons plus loin.

Le service des POMPES FUNÈBRES, *de la ville de Paris,* est l'une de ces institutions dont a doté la capitale le génie qui s'était chargé de tout réorganiser, en France, à la suite de la grande révolution, laquelle, après avoir cependant beaucoup fait, avait laissé beaucoup plus encore à faire.

En face d'une semblable institution, de la moralité et de la grande et sainte pensée dont elle est sortie, dont elle doit être constamment entourée, peut-on penser que *l'esprit de cupidité, que la spéculation* aient osé venir lui demander un salaire? exploiter la vanité à leur profit?

Serait-il vrai que le calcul, au cœur sec, aux yeux sans larmes, serait venu se placer au chevet du mourant, guetter, en quelque sorte, son âme au sortir de ses lèvres, s'asseoir au seuil de sa porte, et compter, supputer d'avance quelle était la masse d'argent qu'elle arracherait ou pourrait arracher aux regrets et à la douleur!

Serait-il vrai qu'il existe encore quelqu'un qui ose répéter ce vers célèbre :

Je ne puis être heureux qu'à force de mourants (1).

Serait-il vrai qu'il existe des hommes qui se disputent les dépouilles des morts sur leurs châsses même, et qui voient moins, dans les pompes funèbres, un honneur rendu à la mémoire et aux vertus des morts qu'un moyen de s'enrichir? L'amour effréné de l'or a-t-il pu nous faire assister à un si triste et si honteux débat!

C'est ce que nous allons faire connaître le plus succinctement possible.

L'autorité administrative ne pouvant et ne devant

____

(1) Boileau : *le Lutrin.*

même se charger de la partie matérielle, afin d'éloigner d'elle tout soupçon de spéculation, a donné à l'entreprise, sur un cahier des charges, *le Service des Inhumations et Pompes funèbres de la ville de Paris*. L'adjudication a eu lieu au profit d'un sieur Lemaistre.

Du Service extraordinaire.

Dans les fournitures que l'entrepreneur est tenu de faire aux familles, il ne pourra, sous aucun prétexte, outrepasser les *commandes qu'il aura reçues* (1), et pour éviter toute contestation, à ce sujet, les commandes seront faites par écrit et signées, soit par un membre de la famille, soit par un *fondé de pouvoir* (2), sur des feuilles d'ordre imprimées.

(1) Et, par extension morale de ce principe, ici converti en règle pour l'Administration, il est un principe de pudeur et de respect de soi-même, qui interdit de faire gonfler ces commandes ou d'en solliciter l'amplification par des moyens toujours faciles à faire adopter à l'ignorance ou à la douleur. *Ceci ferait bien*, ou *ceci ferait mieux*, sont des moyens de provocation que la délicatesse réprouve, et qui souvent entraînent celui qui n'ose refuser dans la crainte de passer pour trop parcimonieux. D'ailleurs, l'art. 31 dit : que l'Entrepreneur *se conformera, pour le réglement du prix des fournitures qui lui auront été demandées, au tarif, etc.* Ces termes : *aux fournitures demandées*, nous semblent suffisamment explicites, et renferment tout ce que les convenances et la pudeur peuvent prescrire.

(2) L'Entreprise actuelle ayant cru avoir le droit d'exploiter exclusivement le privilége établi en sa faveur, elle a prétendu exclure toute personne qui se présenterait pour régler des convois. Comme cette question a provoqué quelque scandale, nous la signalerons à nos lecteurs en faisant connaître la juste décision de l'autorité administrative.

Il est interdit à l'adjudicataire d'employer aucune partie du mobilier de l'Entreprise à l'exploitation du service des inhumations d'une autre commune que celle de Paris, à moins d'y être *accidentellement* autorisé par le Préfet (1). (Art. 56.)

Il lui est également interdit de s'intéresser directement ou indirectement dans aucune entreprise de quelque nature qu'elle soit, relative aux sépultures et aux monuments funèbres. (Art. 53.)

Pour faciliter aux familles les commandes qu'elles auront à faire, l'Entrepreneur aura, pour recevoir et régler ces commandes, dans chacune des douze mairies, *un préposé* SÉDENTAIRE, *choisi et payé par lui* (2). (Art. 33).

Tels sont les obligations et les devoirs de l'entreprise actuelle des Pompes funèbres.

Ces obligations et ces devoirs sont-ils religieusement remplis ? Les familles reçoivent-elles toutes les garanties qui leur sont données par le tarif ? L'adjudicataire n'a-

---

(1) V. le chapitre intitulé : *Service des Inhumations et Pompes funèbres de la banlieue de Paris.*

(2) Nous devons faire connaître comment l'Entreprise a su tirer parti de cet article, pour parvenir à faire face aux appointements de ses employés : elle leur donne une *prime* plus ou moins forte ; cette prime est calculée sur l'importance du chiffre des convois qu'ils peuvent obtenir des familles. Il résulte de cette émulation funeste que chaque employé fait tous ses efforts pour élever ce chiffre, et c'est pour y parvenir qu'il *force* les commandes, c'est-à-dire qu'il engage les familles à prendre le plus grand nombre d'articles supplémentaires possible, desquels cependant on pourrait très bien se passer sans nuire en rien à la dignité et à l'ensemble de la pompe funèbre.

t-il pas de graves reproches à se faire? Son administration se meut-elle religieusement dans le cercle qui lui est
tracé par le tarif qui est sa règle et sa loi ? Est-elle restée
dans le droit commun en le respectant? N'a-t-elle pas
tout fait pour abuser de la faveur d'un privilége qu'elle
exploite ? Enfin avons-nous eu raison de nous servir des
termes sévères qu'on a rencontrés dans nos *considérations
générales* placées en tête de cet écrit, qui a autant un but
de justice que d'utilité?... C'est ce que nous allons examiner avec les faits et les actes.

L'institution du service des Inhumations et Pompes
funèbres, n'est certes pas un monopole, telle n'a pu être
et n'a pas été l'intention de l'administration municipale ;
elle n'est qu'un privilége, ce qui est bien différent, et l'on
sait qu'un privilége n'est qu'un droit établi en raison
d'une justice rigoureuse ou d'un intérêt public.

Le monopole est toujours odieux, le privilége est toujours justifiable, parce que s'il déroge au droit commun,
il comporte du moins une juste, une nécessaire, et quelquefois une salutaire satisfaction aux droits et aux besoins de tous.

Le privilége, toutefois, est enfermé dans les règles
qu'il est obligé d'observer, parce qu'il est un principe
qui le domine, et qui ne permet à personne de *sortir des
limites de son autorisation*. Le privilége offre les garanties
suffisantes de moralité ; le monopole n'était qu'un moyen
de pillage et d'extorsion et même d'oppression et de
confiscation au profit de celui dans les mains duquel il

se trouvait placé. C'était là l'écueil de tous les monopoles.

L'on comprend aussi que le défaut de concurrence lui
livrait exclusivement tout ce qui rentrait dans son cercle, et qu'il n'avait pas à s'inquiéter de la justice, du bien
et des perfectionnements.

Nous aurons lieu de faire remarquer que l'autorité municipale ne méconnaissait pas que le privilége même
emportait avec lui quelques inconvénients, mais que
tout en le consacrant elle savait le soumettre à des règles
et à des garanties, même à une sorte de concurrence,
qui modifiaient ce qu'il pouvait avoir d'exceptionnel à
la règle, qui est la liberté !

L'on a vu, dans ce qui précède, c'est-à-dire dans l'article 31 du cahier des charges, que les commandes
d'inhumations pouvaient être faites, soit par un membre de la famille du défunt, soit par un *fondé de pouvoirs*.

Rien ne semble plus naturel, plus simple, plus juste
et plus conforme, du reste, au droit établi par notre
code, droit que rien ne peut ni modifier, ni suspendre,
que de pouvoir se faire représenter par un mandataire.

A coup sûr, s'il est une circonstance où un mandataire
est utile, au milieu des incidents et des événements dont
notre vie est marquée, c'est celle où nous sommes absor-
bés par la douleur de la mort d'un parent, d'un enfant ou
d'un ami. L'esprit a peu de liberté lorsque l'âme est bri-
sée par l'une de ces pertes qui concentraient toute notre
tendresse, toutes nos espérances, tout un avenir. C'est l'un
de ces tristes moments, où notre propre existence, où

toutes nos facultés sont en quelque sorte suspendues, ou ne se manifestent que par les larmes et les sanglots. N'est-ce pas là le moment où un *mandataire* n'est plus seulement utile, mais *indispensable*? Eh bien! le croirait-on, l'adjudicataire actuel des Pompes funèbres, interprétant le privilége qui lui est confié, dans l'esprit des monopoles justement abolis, en 1789, a prétendu s'appliquer exclusivement le *règlement* des convois, et en imposer le soin aux *familles seulement*, ce qui est aussi contraire aux convenances qu'aux loi et cahier des charges qui régissent cette Entreprise exceptionnelle,

On conçoit que cette prétention, au moins exorbitante, a été l'objet de nombreuses réclamations.

En effet, nous ne sommes pas le seul qui vienne signaler l'Entreprise des Pompes funèbres à l'attention de l'autorité, et aux précautions dont les citoyens doivent s'entourer. L'un des employés de l'Administration, un homme investi de sa confiance, M. Balard-la-Clausure, ordonnateur, a eu le courage, la loyauté de publier, cette année, une brochure dans laquelle il ne dissimule nullement les abus dont il a été frappé, et qu'il est urgent de réprimer (1). Indépendamment des abus, il signale des impossibilités presque insurmontables, de remplir les obligations qui pèsent sur elle; il lui a reproché *de nombreuses contraventions, et des erreurs auxquelles il est plus que temps de porter remède;* il ajoute que *le mal est loin d'être irrépa-*

(1) *Aperçu sur quelques améliorations importantes à introduire dans le Service des Pompes funèbres de la ville de Paris et de ses dépendances;* in-8°, chez Stahl, quai Napoléon, 21.—1845.

rable, ce qui veut dire toujours qu'il est très grand. Les améliorations à introduire, il les appelle UTILES, CONVENABLES et NÉCESSAIRES, et il faut convenir qu'il est triste qu'une entreprise de cette nature et de cette importance, attende de semblables améliorations, car l'*utile* devrait s'y rencontrer avant tout ; ce qui est convenable, étant une question de bienséance et de repect de soi-même, ne devrait pas s'être fait attendre, et le *nécessaire* aurait dû précéder la mise en mouvement de l'Entreprise, comme question de son existence.

De semblables accusations, nous nous croyons obligés de les prouver ; aussi allons-nous résumer sommairement les griefs que M. Balard-la-Clausure croit devoir adresser à l'Entreprise des Pompes funèbres de la Ville de Paris.

Après avoir indiqué qu'il pourrait y avoir plus d'*ordre*, d'*exactitude*, de *décence* et de *dignité*, voici comment il s'exprime :

« Procédons avec ordre. Suivons un convoi depuis le
» commencement jusqu'à la fin.

» Je vais d'abord vous parler des obligations de l'en-
» trepreneur :

» Cette Entreprise, telle qu'elle existe, devrait être
» tous les jours en mesure de fournir, aux heures et
» lieux désignés par les ordonnances d'inhumations
» légalement constatées, tous préliminaires étant rem-
» plis, aux familles qui le réclament, *le matériel se*
» *référant*, ainsi que le *personnel*, aux diverses classes
» d'enterrements. Pourtant il arrive quelquefois que les

» convois des décédés de l'âge au-dessus de *sept ans*, se
» font avec deux porteurs seulement, ce qui est formel-
» lement contraire aux dispositions de l'art. 5 du cahier
» des charges.

» C'est encore ainsi (et j'appuie mon assertion par
» mon compte-rendu du 27 mars 1842, transmis à qui
» de droit), qu'un convoi du ive arrondissement, rue de
» Grenelle-Saint-Honoré, éprouva un sérieux embarras
» par le manque du drap mortuaire, du corbillard, et
» d'une voiture de deuil qui ne furent pas fournis par
» l'Entreprise. On se trouva dans la nécessité de placer
» le corps sur un char, et de le couvrir du manteau du
» cocher. »

Suivent d'autres faits d'incurie et d'inexactitude, de
manque de convenance et de dignité.

Puis l'auteur signale l'impossibilité de *fournir ce qui
serait nécessaire à toutes les commandes, à tous les désirs des
familles ; le défaut de costume décent et régulier dans les employés ; de là, un contraste disparate et choquant, qui peut
prêter à rire, alors que tout doit être recueilli et sérieux.* Il
n'adresserait pas de moins graves reproches aux *draperies de deuil qui souvent n'ont rien de présentable.*

Parlant des *douze préposés* de l'Entreprise, dans les douze
mairies, voici comment notre ordonnateur s'explique :
» Il me semble utile de ne pas laisser ignorer une chose
» que je ne me permettrai pas de qualifier, mais qui ne me
» paraît pas sans importance. Il est certain que la créa-
» tion de douze préposés secondaires de l'Entreprise des
» Pompes funèbres, établis dans les douze arrondisse-

» ments, faite dans l'intention apparente de faciliter et
» d'épargner de longues courses aux habitants, est loin
» d'avoir atteint le but indiqué, car on ne peut pas douter
» que c'est moins les intérêts de leurs concitoyens, tou-
» jours si peu calculateurs dans ces terribles moments,
» que surveillent ces préposés intermédiaires, que ceux
» de l'Entreprise elle-même. En effet, ils semblent pren-
» dre à tâche de pousser, par des excitations d'amour-
» propre, de déplorable vanité, à des *dépenses de détail que
» rien ne nécessite*, et qui deviennent onéreuses et trop
» souvent à charge à des parents ou amis sans prévoyance
» et irréfléchis dans leur affliction et dans le malheur
» qui les frappe. (1)

Tout ceci est grave et tombe lourdement sur cette
entreprise qui, si nous en croyons notre ordonnateur,
manquerait d'exactitude à faire parvenir au domicile du
mort, le matériel nécessaire à la pompe, *donnerait une durée bien moindre au luminaire destiné à l'exposition du corps*,
compromettrait ainsi trop fréquemment une pompe dont
les *profits se cumulent et s'augmentent à perte de vue*, et font,
en quelques années, un millionnaire d'un patron spéculateur.

(1) On en concevra facilement la raison quand on saura que l'Administration accorde à ses agents une prime sur tous les règlements
qu'ils font. Aussi les voit-on, contrairement aux prohibitions, qui
pourtant leur sont faites, abandonner leur bureau, dans lequel ils
devraient se tenir constamment, et courir au domicile des morts,
aussitôt que la déclaration du décès a été faite à la mairie, pour solliciter le règlement du convoi. Ces manœuvres, peu dignes, sont,
le croirait-on, approuvées par l'Entreprise ; elles ont été l'objet de
nombreuses plaintes adressées à M. le Préfet, dont la sollicitude n'a
pourtant rencontré que des résistances.

Certes, il y a là des abus sérieux, très répréhensibles. Ce défaut d'ordre, d'exactitude, de soins, ce luminaire qui manque, ce matériel défectueux et insuffisant, ce personnel dont le costume choque, sont plus que des contraventions, ils sont un véritable mal ; on les qualifie sans peine, et ils font peser plus qu'un blâme sur l'entreprise des Pompes funèbres.

Dans une semblable position, le croirait-on cependant, l'adjudicataire de cette entreprise se montre inquiet et jaloux de sa qualité et de ses droits, contre tout ce qui se place à côté de lui ; toutes les personnes qui se font les intermédiaires des Pompes funèbres, les auxiliaires de son entreprise, lui portent ombrage. Il n'est rien qu'il n'ait employé, tant auprès de l'autorité administrative qu'auprès des familles, pour écarter, d'auprès de ces dernières, les *mandataires* dans lesquels elles peuvent et doivent avoir confiance. A le voir et à l'entendre, vous diriez un haut administrateur philanthrope, un magistrat absolument désintéressé, considérant ses fonctions comme un sacerdoce, et faisant l'abnégation la plus complète de ses intérêts. Mais à la queue le venin : il n'est rien de curieux, nous pourrions dire d'inconvenant et d'exorbitant, comme les prétentions de cet Entrepreneur, et dans son langage et dans ses actes. Confondant toutes les questions et tous les droits, tenant peu compte du cahier des charges, de l'esprit et du but de l'institution dont il a obtenu l'exploitation, il a voulu convertir en *monopole* ce qui n'était qu'un *privilége*. Aussi, égaré, aveuglé par ses prétentions, a-t-il torturé et tiraillé l'autorité administrative avec une persévérance incessante. Il a poussé si loin sa prétention d'exclure tout *mandataire* de son entreprise, pour le règlement des convois, et particulièrement M. Léon Vafflard, gérant de la Compagnie générale des Sépultures, rue Saint-Marc, 18, que M. le Préfet de la Seine a rendu l'arrêté suivant :

Préfecture du département de la Seine.

« Nous, Préfet de la Seine ; — Vu les rapports qui
» nous ont été adressés par l'inspecteur du service des
» Pompes funèbres, pour nous informer que l'Entrepre-
» neur de ce service a refusé de recevoir et d'exécuter
» les commandes de convoi faites au nom de deux famil-
» les par un mandataire *verbal*, même malgré l'offre du
» paiement préalable du montant desdites commandes,
» prétendant que l'art. 31 du cahier des charges l'auto-
» rise à exiger des pouvoirs, *en forme*, des personnes qui
» se présentent avec la qualité de mandataire ; — Vu les
» plaintes qui nous ont été adressées au sujet de ces refus
» de l'Entrepreneur ; —Vu les art. 2, 8, 31, 59, 69 et
» 70 du cahier des charges de l'entreprise générale du
» service des Inhumations et Pompes funèbres;— Vu
» l'art. 1985 du Code civil; considérant que l'Entrepre-
» neur n'est pas fondé à exiger des pouvoirs *en forme* des
» familles, pour commander les fournitures qu'il est te-
» nu de leur faire, pourvu qu'il y ait de la part des man-
» dataires offre de paiement préalable du montant des
» commandes ; qu'en effet, le paiement préalable est une

» preuve suffisante du mandat, et constitue d'ailleurs
» l'exécution anticipée et complète des obligations qui
» doivent résulter au profit de l'Entrepreneur ; que l'ad-
» ministration elle-même accepte et doit accepter le
» *mandat verbal* dans d'autres parties du service des in-
» humations, par exemple lorsqu'elle accorde des conces-
» sions de terrain pour sépultures, bien que dans cette
» circonstance le paiement préalable ne constitue pas
» toute l'exécution des obligations contractées par le
» mandataire, puisque celui-ci doit encore se soumettre
» à certaines conditions déterminées ; considérant que si
» l'on reconnaissait à l'Entrepreneur le droit d'exiger,
» dans le cas précité, des pouvoirs *en forme*, l'exécu-
» tion sérieuse d'une pareille mesure serait incompatible
» avec une bonne *police* des inhumations ; que les famil-
» les se trouveraient contraintes à des soins et à des dé-
» marches dont l'accomplissement pourrait être, dans
» beaucoup de cas, impossible ; qu'ainsi, les représen-
» tants directs des décédés pourraient être mis dans le
» cas de s'occuper en personne, et malgré leur volonté
» formelle, des soins pénibles de la sépulture ; qu'en ou-
» tre, les retards qui seraient la suite de pareilles démar-
» ches, compromettraient la régularité du service et
» rendraient son exécution impossible, surtout dans cer-
» taines circonstances, et lorsque l'intérêt *de la salubrité*
» exige une prompte inhumation ; considérant qu'en au-
» cun cas et sous aucun prétexte l'Entrepreneur ne peut
» refuser à l'administration l'exécution du service ; que
» l'art. 59, qui a prévu le cas de difficulté d'interpréta-

» tion, se prononce à cet égard d'une manière positive;
» que, du reste, une telle obligation pour l'Entrepreneur
» résulte non-seulement des dispositions de son cahier
» des charges, mais encore des lois qui confient à l'au-
» torité publique *la police* des inhumations; que l'Entre-
» preneur, en refusant l'exécution du service, sous un
» prétexte quelconque, s'arroge les pouvoirs qui appar-
» tiennent à l'administration, *seule compétente pour régler*
» *le service des inhumations*; considérant que l'obligation
» absolue où est l'Entrepreneur d'exécuter les ordres qui
» lui sont donnés, s'applique aussi bien au service extra-
» ordinaire qu'au service ordinaire; que ces deux servi-
» ces ne forment en réalité qu'un seul et même service
» public; que l'administration elle-même ne peut faire
» obstacle à ce que les inhumations aient lieu avec la
» pompe qu'il plaît aux familles de leur donner, et, qu'à
» plus forte raison, l'Entrepreneur ne saurait s'attribuer
» un pareil droit; considérant enfin que toutes les me-
» sures, relatives aux inhumations, impliquent des ques-
» tions *de salubrité, de décence et d'ordre public*, qui placent le
» règlement de toutes les dispositions qui s'y rapportent
» dans le domaine exclusif de l'autorité administrative;

» Arrêtons :

» ART. 1ᵉʳ. Il est enjoint à M. Lemaistre, entrepreneur
» du service général des Inhumations et Pompes funè-
» bres, de recevoir et d'exécuter les commandes des
» fournitures qu'il est tenu de faire aux familles, même
» dans le cas où ces commandes seraient faites près de
» l'Entreprise, par des mandataires *verbaux*, pourvu, tou-

» tefois, qu'il y ait offre de payer, préalablement, le
» montant desdites commandes.

» ART. 2. L'inspecteur de service renouvellera, s'il y
» a lieu, la présente injonction, dans chaque cas de refus
» de l'Entrepreneur; il prendra lui-même et aux frais de
» qui il appartiendra, les mesures nécessaires pour l'exé-
» cution du service. En conséquence, il requerra, en
» notre nom, l'assistance *du commissaire de police* du quar-
» tier, pour se faire délivrer, par l'Entrepreneur, au
» besoin par l'emploi de *la force*, les objets et le person-
» nel nécessaires pour l'exécution des commandes.

» ART. 3. Tout refus de l'Entrepreneur de se sou-
» mettre aux injonctions de l'inspecteur, sera constaté
» par un procès-verbal de ce dernier, qui nous l'adres-
» sera, pour servir de base aux poursuites en *déchéance*
» que nous pouvons être dans le cas de faire contre
» l'Entrepreneur.

» ART. 4. Ampliation du présent arrêté sera adressée
» à M. l'inspecteur du service des Pompes funèbres, qui
» en fera sur-le-champ la notification à l'Entrepreneur,
» et dressera procès-verbal de cette notification.

» Fait à Paris, le 27 septembre 1844.

> » *Pour le préfet en congé, le conseiller de préfecture délégué,*
> » Signé : LAMORELIE.

» Pour ampliation,

> » *Le maître des requêtes, secrétaire-général,*
> » Signé : DE JUSSIEU.

» Pour notification à l'Entrepreneur,

> » *L'inspecteur du service des Pompes funèbres,*

» Paris, ce 27 septembre 1844,

> Signé : DE ROTROU. »

Le croirait-on, M. Lemaistre ne s'est pas tenu pour battu ; il n'a cessé de résister, et il s'est empressé, pour soutenir ses prétentions, de recourir au talent de l'avocat célèbre qui tient si justement la première place au barreau de Paris.

Certes nous professons la plus haute estime pour le talent de M. Philippe Dupin, mais nous dirons qu'il n'a pu résoudre la question que selon qu'elle lui a été posée, et qu'il a dû partager une erreur qu'on ne lui fournissait pas les moyens de reconnaître comme telle.

D'ailleurs M. Dupin est parti d'une base tout-à-fait erronée : il a considéré, dès le début de sa consultation, l'*Entreprise des Pompes funèbres de la ville de Paris*, comme un MONOPOLE, il a donc dû croire l'autorité administrative, la regarder comme toute puissante, placer en quelque sorte le bon plaisir à la place du droit.

La réfutation de cette consultation de M. Dupin, se trouve tout entière et suffisante, dans un mémoire de M. Léon Vafflard, d'accord du reste avec l'arrêté de M. le Préfet, qu'on vient de lire, et qui lui servirait de complément au besoin.

Maintenant, il ne me reste plus qu'à justifier le reproche de cupidité que j'ai adressé à l'Entrepreneur des Pompes funèbres.

Cet Entrepreneur ne veut qu'une chose; voir les familles tout-à-fait étrangères aux détails de son entreprise; livrées sans défense à sa discrétion, pour pouvoir arracher à leur douleur des suppléments de dépenses dont il profite; car le désespoir ne marchande pas, et on obtient plus facilement de ces familles ce qu'un mandataire de sang-froid ne se laisse pas imposer sans nécessité.

Avais-je tort de dire que jamais la cupidité ne s'était montrée aussi ardente ?

Il m'importe d'autant plus que tous ces abus soient signalés, que les commis de l'Entrepreneur, placés dans les mairies, et qui échappent à toute surveillance et à tout contrôle, ont un grand intérêt à laisser les familles dans l'ignorance de leurs droits, car ces commis, *véritables agents d'affaires particuliers*, ne reçoivent, pour tous appointements, qu'une prime calculée sur l'importance des convois qu'ils règlent, ainsi que nous l'avons dit plus haut.

On peut juger, par là, avec quelle ardeur ils excitent les familles à augmenter les dépenses.

Cette discussion simple et sincère nous dispense d'entrer dans de plus longs détails.

Un fait demeure acquis maintenant, et doit être porté à la connaissance de tous : que le privilége des Pompes funèbres, pour être respecté et pour ne pas recevoir d'atteintes qui le compromettent, a besoin d'être exercé avec discrétion et sagesse ; que les familles ont raison, aujourd'hui, de se mettre en garde contre les suggestions et les excitations intéressées de l'Entrepreneur et de ses agents, qui ne tendent à rien moins qu'à les placer dans leur dépendance pour le règlement des convois, en les empêchant de se faire renseigner sur les nombreux objets supplémentaires, aussi dispendieux qu'inutiles, dont une pompe funèbre, bien commandée, peut se passer, sans

que la convenance et la dignité dans le convoi cessent
de s'y rencontrer.

––––––––

COPIE D'UNE LETTRE

ADRESSÉE

A M. le Préfet du Département de la Seine, le 2 Septembre 1845,

Par M. l'Entrepreneur des Pompes funèbres.

« Monsieur le Préfet,

» J'ai l'honneur de déposer entre vos mains un exem-
» plaire d'une brochure publiée par le sieur Vafflard,
» agent d'affaires, relative aux décès, sous le pseudo-
» nyme de J.-B. Mesnard, et dans laquelle ma personne
» et le privilége que j'exploite sont attaqués.

» M. Vafflard est certainement dans son droit, en écri-
» vant ses opinions, et, à ce point de vue, j'aurais tort
» de me plaindre; mais il cite, page 23, une autre bro-
» chure écrite par un ordonnateur en exercice, M. Ba-
» lard-la-Clausure, dont trois exemplaires seulement ont
» vu le jour.

» Le premier exemplaire a été remis par l'auteur à
» M. de Rotrou, inspecteur du service;

» Le second à M. Husson;

» Le troisième à M. Desir, secrétaire de l'inspecteur.
» Nul autre exemplaire n'a été distribué par l'auteur,
» qui l'affirme sur l'honneur.

» J'en conclus donc, Monsieur le Préfet, qu'un de

» ces trois messieurs a coopéré à l'œuvre de M. Vafflard,
» en lui fournissant la brochure de M. Balard, et que,
» lorsque votre bienveillance toute paternelle me promet
» si franchement protection et justice, un ennemi caché
» au sein même de l'administration, vient traverser vos
» intentions et souffler le feu de la haine et de l'envie.

   » Je vous demande justice, Monsieur le Préfet, je vous
» demande justice, etc., etc.

» Signé : LEMAISTRE. »

M. Vafflard, dans son désir de faire le bien aux habitants de la cité, ne s'arrêta pas à son premier essai, il publia en 1847, une deuxième brochure intitulée :

Observations sur le service des Inhumations

et Pompes funèbres de la ville de Paris. — 1847.

Nous trouvons dans cette brochure les passages suivants :

De tous les services publics, celui des Pompes funèbres devrait être celui qui présentât le moins d'abus; car il y a déjà quelque chose d'assez choquant, pour nos idées morales, dans l'organisation de ce service au moyen d'un monopole concédé à un entrepreneur. Que sera-ce si cet entrepreneur peut abuser de sa position privilégiée pour spéculer sur les douleurs humaines et exploiter, dans un but de lucre, les sentiments les plus saints.

Nous croyons faire une chose utile en éclairant le public sur les abus qui résultent de l'exploitation d'un monopole qui prend tous les jours des proportions plus grandes, et qui s'étend dans l'ombre à l'abri de la répugnance qu'on éprouve à s'entretenir de pareilles matières.

Il n'est pas une famille, ayant perdu l'un de ses membres, qui n'ait eu à se plaindre de l'élévation du prix d'un convoi. Faisons donc connaître la véritable cause de ce résultat général et incontesté.

L'entrepreneur qui dirige le service des Pompes funèbres est un industriel qui s'est rendu adjudicataire de ce service moyennant une remise de tant pour cent qu'il paie aux fabriques des églises de Paris, sur le montant de toutes les sommes qu'il reçoit des familles pour les convois et enterrements. Or, plus le total d'un convoi que règle cet entrepreneur est élevé, plus grand est son bénéfice, et à Paris, il se dépense annuellement une somme énorme pour les convois.

L'entrepreneur est donc là, comme on le voit, un loueur privilégié de voitures de deuil, un tapissier de tentures funéraires, un marchand, enfin, qui cherche à fournir le plus de marchandise possible, et la remise de son fermage entre dans la caisse des fabriques des églises et non pas, comme on le croit généralement, dans la caisse de la ville, qui ne reçoit rien de toutes les sommes dépensées pour la pompe des funérailles (1).

Or, en partant de ce principe que l'entrepreneur est un marchand qui cherche à fournir le plus de marchandise possible, on en arrive à comprendre ces différences

---

(1) Voir plus loin : Privilége des fabriques ; décrets et ordonnances qui ont établi ce privilége.

énormes qui peuvent exister entre la dépense d'un convoi réglé sagement et avec connaissance des tarifs, celle
d'un même convoi confié à la discrétion de cet entrepreneur, de ce marchand.

La tarif avait sagement prévu que les familles qui, au
moment d'un décès, sont moins en état que jamais
d'examiner les détails d'un convoi, devaient être mises
en garde contre la tendance de l'entrepreneur à exploiter
leur douleur ; le tarif, disons-nous, avait exigé que pour
l'emploi de ces objets, écussons, plaques, et autres qui
composent la section des fournitures réelles, la commande fût *répétée en toutes lettres et signée de la famille ou
de son mandataire au bas de la feuille d'ordre* ; mais l'exacte
observance de cette mesure ne fait pas le compte de l'entrepreneur, et les commandes journellement signées par
les familles démontrent assez comment est éludée cette
sage prescription.

Pourrait-il en effet en être autrement ! Les commandes sont reçues par les commis de l'entrepreneur
placés dans les mairies ; ces commis échappent à toute
surveillance, à tout contrôle, et au lieu d'engager les familles à répéter en toutes lettres les articles qui composent la section de ces fournitures, ils se bornent à faire
apposer une signature, et remplissent eux-mêmes en
toutes lettres. La famille, qui déjà a signé au bas de la
feuille imprimée, signe plus haut sur la même feuille sans
trop savoir pourquoi ; de cette façon, elle se trouve avoir
demandé des écussons pour cent ou deux cents francs,
une plaque, une garniture intérieure ou extérieure du

cercueil, etc., etc., et l'entrepreneur encore a bien gagné son argent.

Mais il est un motif plus sérieux qui engage l'entrepreneur à ne pas appeler l'attention des familles sur la fourniture des écussons principalement ; c'est que ces écussons sont compris dans la catégorie des fournitures réelles qui ne rendent que quinze pour cent aux fabriques, et que précisément, parce que ce sont des fournitures réelles, les familles ont le droit de les garder. Or, l'entrepreneur veut bien recevoir d'une famille *deux cents francs* pour lui louer pendant quelques heures dix écussons ou chiffres, pour placer sur les tentures ou le corbillard, l'entrepreneur veut bien ne payer aux fabriques que *trente* francs sur ces *deux cents* francs, par la raison que les fournitures sont réelles et que la fabrique n'a pas le droit de recevoir davantage sur ces fournitures, mais il ne voudrait pas que les familles gardassent les écussons comme elles en ont le droit, et c'est pour cela qu'il évite d'en parler, qu'il en encaisse le montant sans en faire approuver la fourniture en toutes lettres, ainsi que le tarif l'exige.

Si l'on objecte que certains de ces objets dits *supplémentaires* sont d'un usage habituel, et qu'il n'est plus permis de les négliger dans un convoi, nous répondrons : que sert à une famille qui a payé 100 francs pour tendre la porte d'une maison mortuaire, que lui sert que vous lui ajoutiez pour 247 francs d'accessoires ? que sur cette tenture de 100 *francs* qui devrait être propre, vous placiez une bande de drap qui coûte 3 fr. le mètre ; qu'à côté de cette bande de drap, vous en ajoutiez une autre que vous appelez draperie antique, qu'enfin vous placiez sur toutes ces tentures superposées des *palmes et un écusson en velours* avec le chiffre du défunt !

Tous ces objets sont-ils utiles ? Evidemment non : et si nous voyons des tentures dans toutes les classes surchargées de ces objets supplémentaires, c'est que les familles n'ont pas su ou compris ce qu'on leur proposait.

C'est qu'en réalité la plupart de ces objets *supplémentaires* ne servent à rien, et que l'ensemble même d'un convoi réglé au gré de l'entrepreneur ne répond pas à la somme énorme que les familles dépensent, pour honorer dignement la mémoire de leurs parents ; c'est que ces objets ne font qu'ajouter un luxe inutile de décoration à la pompe sévère d'un convoi, c'est qu'en les présentant comme des accessoires indispensables à la décence du service, l'entrepreneur prélève sur l'inexpérience et la crédulité des familles une sorte de contribution forcée. Il faut d'ailleurs remarquer que les prix de ces objets ne suivent pas la progression établie dans les tarifs, de telle sorte qu'on paie ces fournitures aussi cher pour un convoi d'une classe inférieure que pour un convoi d'une haute classe, et que les familles peu aisées se trouvent ainsi souvent entraînées à dépasser la limite qu'une loi protectrice avait voulu mettre à leurs dépenses en fixant un maximum de prix pour chaque classe.

ÉTABLISSEMENT DU MONOPOLE DE L'EXPLOITATION DES POMPES FUNÈBRES.

« Les institutions funéraires (dit l'arrêté préfectoral
» en date du 21 ventôse an IX) sont un des premiers
» besoins dans la civilisation.

» Celles dont la révolution a fait perdre l'usage, eu-
» vironnant d'un dernier éclat les funérailles du riche,
» n'avaient accordé aux pauvres que les tristes emblêmes
» de la misère et de l'abandon.

» Celles qui existent aujourd'hui ont enveloppé le
» riche et le pauvre dans la même indifférence ; et l'opi-
» nion publique, d'accord avec la morale, condamne la
» nudité des sépultures actuelles.

» Il est digne de la première ville de la république de
» commander, par son exemple, la décence des inhuma-
» tions, et de consacrer comme un devoir de piété com-
» munale le soin de la sépulture du pauvre. »

Mais que ce privilége donne naissance à une spéculation illimitée qui excite et entraîne les familles à dépenser
plus qu'elles ne doivent ou ne peuvent ; c'est alors que
l'odieux du monopole se fait sentir, c'est alors qu'on
s'étonne que les sages dispositions du décret du 23 prairial
an XII n'aient pas été maintenues, et qu'on est indigné de
voir un industriel autorisé à spéculer sur la douleur des
familles ; c'est alors surtout qu'on regrette que ce monopole ne soit pas exercé par la ville elle-même pour le
compte des fabriques, en prenant pour base les principes
du décret organique.

Car, il faut bien le reconnaître, quelque odieuse que nous paraisse la perception d'un impôt de cette nature faite par un entrepreneur, par un marchand, une adjudication publique a donné à ce marchand un droit dont il use en cherchant à pousser le plus haut possible les dépenses que les familles sont entraînées à faire. S'il s'est rendu adjudicataire du service, s'il y a consacré un capital important, ce n'est assurément pas par pure philanthropie, mais bien pour gagner de l'argent par l'exploitation de ce service. Aussi, s'il fait gonfler outre mesure les dépenses nécessaires pour les enterrements ; si toute son intelligence se porte sur l'emploi des articles qui peuvent lui donner le plus de profit ; s'il essaie de donner le change au public sur la véritable tendance de son entreprise ; si les commis de cet entrepreneur, placés dans les mairies, laissent croire que l'exercice de ce monopole se fait au nom ou pour le compte de la ville ; si nous voyons chaque jour des convois modestes, très modestes même, surchargés d'objets supplémentaires ou d'écussons qu'il trouve moyen d'insinuer dans ses commandes, parce que ces objets lui rapportent un gros bénéfice ; si nous voyons un corbillard presque somptueux et un cercueil en chêne et en plomb fournis pour un pauvre artisan que le manque de fonds oblige sa famille à déposer dans la fosse commune ; si enfin les mairies deviennent chaque jour le théâtre de discussions d'intérêts entre les commis de l'entrepreneur et les familles, rien de tout cela ne doit surprendre. C'est la conséquence inévitable, logique, du privilége qui accorde à un fermier, à un marchand le droit d'augmenter de plus en plus ses produits pour en retirer un plus gros bénéfice. Tout cela résulte de l'oubli du principe si sagement posé par le décret organique qui voulait que chaque classe eût un *maximum* qu'il était interdit de passer. Alors il ne pouvait y avoir conflit entre le fermier et la famille ; celle-ci prenait ou rejetait la classe dont le maximum lui était à l'instant connu. Elle pouvait même se dispenser d'un examen détaillé, car elle savait que le législateur avait pris le soin de former un ensemble raisonné de tout ce qu'il fallait pour un convoi dans la première comme dans la dernière classe. Le luxe des décorations, le plus ou moins grand nombre de voitures établissant la différence dans les classes, le chiffre seul de la dépense pouvait décider la famille, car cette dépense lui donnait sur-le-champ la mesure de la pompe du convoi qu'elle voulait.

Établi sur ces bases, le monopole des Pompes funèbres cesse de devenir odieux, et chacun approuve les motifs de son institution.

Rapprochons ces faits de ceux qui en 1842 étaient signalés à l'attention publique dans un précis sur le service des inhumations, publié par M. Pector, directeur du bureau des funérailles, nous rencontrons une analogie singulière dans l'exploitation de ce monopole telle qu'elle avait lieu alors au moment où elle fut attaquée avec une si grande force de raisonnement par M. Pector, et l'exploitation telle qu'elle a lieu aujourd'hui, bien que l'entrepreneur ne soit plus le même.

Nous lisons dans ce précis, pages 5, 6, 7, 28, 29 et 30 :

« Le cahier des charges joint à l'ordonnance du roi en
» date du 25 juin 1832, qui dérive du décret du 18 août
» 1811, et qui ordonne la mise en adjudication du ser-
» vice, dit, art. 30 :

» « Il sera tenu (l'entrepreneur) de fournir aux familles,
» mais seulement sur leur demande, les corbillards, voi-
» tures de deuil, draperies et *autres objets détaillés dans
» celles des classes des convois; et dans le tarif des objets non
» déterminés dans ces classes, etc.* »

» Et art. 31 : « Il ne pourra outrepasser, à cet égard,
» soit les intentions des familles, *soit le maximum fixé pour
» chaque classe, etc.* »

» Enfin l'art. 32 dit : « Il se conformera, pour le rè-
» glement du prix des fournitures qui lui auront été de-
» mandées par les familles, *au tarif annexé à l'ordonnance
» royale du 25 juin 1832.* »

» Après les dispositions aussi formelles et aussi claire-
» ment exprimées, tant dans le décret du 18 août 1811
» que dans le tarif joint à son cahier des charges, l'en-
» trepreneur auquel a été adjugé le service, le 1er sep-
» tembre 1832, a créé plus de quarante articles acces-
» soires qu'il a tarifés à sa volonté, sans aucun contrôle,
» et à des prix si ridiculement arbitraires, qu'il en est
» qui, pour deux heures de location seulement, lui sont
» payés par les familles plus qu'ils ne lui ont coûté
» d'achat; d'autres enfin, pour lesquels il ne fait aucun
» débours, et qui consistent seulement à faire tresser la
» crinière des chevaux des voitures; cette niaiserie est
» imposée aux familles au même prix que la voiture elle-
» même.

» Les agents du service des Pompes funèbres placés
» dans les mairies sont mal rétribués ; ils ne se font des
» appointements sortables qu'au moyen des objets in-
» ventés par l'entrepreneur et sur lesquels il leur fait une
» remise. Alors le zèle de ces agents est certain pour
» circonvenir le public et employer presque à son insu,
» dans les convois, tout ce qui rapporte le plus à celui
» qui les paie ; c'est ce qui s'appelle, en style du métier,
» *savoir régler.*

» Voilà ce qui se passe aujourd'hui dans les mairies de
» Paris où l'entrepreneur a un agent, et dans les mairies
» où, sans y avoir un agent, on envoie le public dans
» d'autres mairies où l'entrepreneur en a placé.

» Administrés du département de la Seine, voilà
» comment votre douleur est exploitée depuis dix ans,
» quand vous avez le malheur de perdre un parent ou
» que vous voulez donner vos soins aux obsèques d'un
» ami !

» Il est à remarquer, que dans le moment même où
» l'on chasse du temple de Thémis les marchands qui en
» encombraient les portiques, on tolère dans l'intérieur
» des mairies même, et dans un intérêt privé d'autres
» marchands bien plus dangereux.

» Que MM. les maires y fassent attention ; depuis long-
» temps déjà le public s'aperçoit qu'il est dupe des agents
» comme de l'entreprise elle-même, et, incessamment,
» cette entreprise fera rejaillir sur les mairies la décon-
» sidération qui la suit.

» Les mairies sont le lieu où se dressent les actes pu-

» blics ; les magistrats appelés à diriger les mairies sont
» élus par les administrés, la loi a voulu que leurs fonc-
» tions fussent purement honorifiques, afin qu'aucun in-
» térêt n'en vînt altérer la pureté ; les mairies, dans leur
» véritable acception, doivent être vierges de tout trafic;
» y introduire des agents d'un service quelconque,
» étrangers au service municipal, et conséquemment
» hors de l'inspection de MM. les maires, quand ces
» agents surtout sont sous les ordres immédiats d'un en-
» trepreneur dont les intérêts sont contraires à ceux des
» administrés, et qui a organisé un service qui ne présente
» aujourd'hui dans ses détails que rapines et déception,
» serait changer leur destination et les transformer en
» bazar d'enterrement, serait trahir la confiance qu'elles
» ont toujours inspirée, serait enfin compromettre envers
» les administrés la responsabilité de MM. les maires, au
» nom desquels ces agents agiraient, comme ils agissent
» aujourd'hui, à l'insu même de ceux que leur trafic
» compromettrait. »

Quel est notre but dans cette discussion ? d'incriminer
les actes ou les intentions de l'entreprise des Pompes funèbres ? Non ; mais de montrer les abus qui naissent
presque inévitablement d'un ordre de choses vicié dans
son principe. L'institution primitive était aussi sage que
philanthropique. Elle assurait au pauvre des funérailles
décentes en y appliquant, dans une certaine mesure, les
dépenses que font les familles riches dans l'ostentation
de leurs regrets. Plus il y aurait de faste dans les convois,
plus cette contribution indirecte devrait s'élever progres-

sivement. Rien de plus juste, de plus politique, de plus moral. Ce n'est pas tout. Ne voulant pas que le règlement des Pompes funèbres devînt un objet de trafic et de négociations mercantiles où l'inexpérience et le trouble des familles les livreraient sans défense aux suggestions des agents de l'entreprise, le législateur avait fixé les prix des diverses classes de convois, laissant seulement aux familles la faculté de choisir entre ces classes et d'en diminuer la dépense par le retranchement de quelques détails. Mais les bons effets de ces dispositions ont été annulés dans la pratique, par le droit accordé à l'entrepreneur d'ajouter aux convois ainsi organisés des objets de décoration, des ornements de fantaisie qui sont payés en sus et sur lesquels on ne fait presque point de remise aux fabriques. Il est naturel que l'entrepreneur et ses agents cherchent à multiplier, le plus qu'il leur est possible, l'emploi de ces ornements supplémentaires, et s'efforcent d'exploiter, dans ce but, la vanité ou la piété des familles. De là des dépenses considérables faites chaque jour pour la pompe des funérailles, et qui ne profitent guère qu'à l'entreprise ; de là des habitudes de faste mal entendues et déplacées qui se répandent dans la population et favorisent le trafic dont nous nous plaignons ; de là beaucoup de familles entraînées presque malgré elles dans des frais beaucoup trop onéreux pour leur fortune. Peut-être les entrepreneurs des Pompes funèbres devraient-ils mieux comprendre la dignité de leur position et ne pas mêler à l'exécution d'un service public des manœuvres mercantiles tout-à-fait choquantes ; mais comment espérer de l'intérêt industriel des sacrifices ou même de la modération ? En présence des abus que nous avons signalés, le seul remède efficace est d'avertir le public, de le mettre en garde et d'appeler en même temps l'attention de l'autorité sur une question qui n'est pas sans importance. Le moment viendra bientôt de procéder à une nouvelle adjudication. Espérons qu'alors le cahier des charges sera révisé, et que l'on en retranchera le droit d'ajouter au maximum fixé pour les diverses classes de convoi. Mais dès à présent, l'administration ne pourrait-elle et ne devrait-elle pas surveiller plus efficacement la manière de procéder des agents de l'entreprise, surtout lorsque ces agents exercent leur industrie dans l'enceinte même des mairies où l'on n'aurait peut-être pas dû leur permettre de s'installer.

L. VAFFLARD,

Directeur général de la Compagnie des Sépultures,

22, rue Saint-Marc.

Les précédents écrits ont aussi motivé l'arrêté rendu par le Conseil d'Etat, le 6 mai **1848**, ainsi conçu :

FOURNITURES. — Pompes funèbres. — Commandes par mandataires.

L'entrepreneur du service général des inhumations et pompes funèbres de la ville de Paris a-t-il le droit d'exiger la représentation d'un mandat écrit et dûment légalisé pour les commandes qui lui sont faites au nom des familles par des fondés de pouvoirs ? —*Rés. nég.*

(19,166. — 6 mai 1848. — *Lemaistre.*)

L'entremise des agents d'affaires dans le service des Inhumations et Pompes funèbres de la ville de Paris a été dès longtemps l'objet de difficultés assez graves entre les entrepreneurs de ce service et l'Administration municipale. Les entrepreneurs ont toujours impatiemment supporté de semblables intermédiaires ; en conséquence, et pour les repousser autant qu'il était en eux, ils prétendaient ne recevoir leurs commandes qu'autant qu'ils seraient nantis d'un *pouvoir écrit et dûment légalisé*, émanant de la famille au nom de laquelle ils se présentaient. Quant à l'administration municipale, tantôt elle a considéré ces agents comme d'avides spéculateurs ; tantôt, au contraire, elle a voulu voir en eux des intermédiaires très utiles aux familles, à raison de leur expérience et de leurs connaissances spéciales, et elle a favorisé leur intervention.

Cependant, en **1844**, le préfet de la Seine, voulant faire cesser ces difficultés qui avaient plusieurs fois entravé le service des inhumations et même causé quelque scandale, décida que l'entreprise des Pompes funèbres ne pourrait refuser désormais les commandes de convois, faites par des personnes étrangères à la famille, sous le prétexte que l'on ne justifiait pas d'une procuration écrite et légalisée, mais qu'elle aurait dans ce cas la faculté d'exiger le *paiement préalable* des fournitures, et qu'en outre, elle enverrait aux familles une copie de la commande, pour qu'elles pussent vérifier et contrôler le compte de leurs mandataires.

Cette décision ayant été soumise au ministre de l'intérieur, le ministre n'hésita pas à l'approuver. Le paiement préalable des objets commandés lui parut suffisant pou établir l'existence du mandat, ou tout au moins pour sauvegarder les intérêts de l'entreprise ; et, quant à l'intérêt des familles, il lui sembla suffisamment protégé par la connaissance qui leur était officiellement donnée des objets commandés et fournis.

L'entreprise des Pompes funèbres a vu dans ces décisions une atteinte portée aux droits qu'elle prétendait tenir de son cahier des charges ; elle a donc refusé de s'y soumettre, et la difficulté la été soumise au conseil de préfecture de la Seine.

Par arrêté en date du 11 août 1845, le conseil de préfecture a rejeté l'opposition des entrepreneurs, dans les termes suivants :

« Considérant qu'en statuant que *les commandes de* » *fournitures seront faites à l'entrepreneur du service des* » *inhumations par écrit et signées, soit par un membre de la* » *famille, soit par un fondé de pouvoirs, sur des feuilles* » *d'ordre imprimées,* l'art. 31 du cahier des charges de » l'entreprise a eu principalement pour objet d'empêcher » que l'entrepreneur ne dépassât ou ne modifiât dans ses » fournitures les intentions des familles ;

» Considérant que cet article ni aucune autre disposition du cahier des charges n'ont stipulé que le fondé » de pouvoirs qui se présenterait au nom d'une famille, » pour faire une commande, dût produire un pouvoir » écrit et dûment légalisé ;

» Considérant que, dans le droit commun, le mandat » peut être donné verbalement, et qu'à défaut d'une stipulation contraire dans le cahier des charges, l'entre-

» preneur du service des inhumations a contracté son
» marché sous l'empire de ce droit;

» Considérant enfin qu'exiger des familles un pouvoir
» écrit et légalisé pour les mandataires qu'elles chargent
» de leurs commandes auprès de l'entreprise, ce serait
» les astreindre à des formalités qui seraient pénibles
» et difficiles à remplir dans les circonstances doulou-
» reuses où ces commandes ont lieu, et qui entraîne-
» raient souvent des retards incompatibles avec la célé-
» rité que réclame le service des inhumations;

» Arrête : — L'entrepreneur du service des Inhuma-
» tions et Pompes funèbres de la ville de Paris n'est
» point en droit d'exiger un pouvoir écrit et légalisé des
» mandataires qui se présentent au nom des familles
» pour faire les commandes des convois et fournitures. »

Le sieur Lemaistre, directeur de l'entreprise des
Pompes funèbres, se pourvoit contre cet arrêté. Il prétend : 1° que la décision qu'il consacre est contraire à
l'art. 31 du cahier des charges de l'entreprise que le
conseil a faussement interprété; 2° que la formalité du
pouvoir écrit et légalisé est nécessaire, tant dans l'intérêt
des familles que dans celui de l'entreprise, pour empêcher l'intrusion de cupides spéculateurs qui abusent de
la douleur et de l'inexpérience des particuliers, pour
réaliser des profits illicites.

Le ministre de l'intérieur répond : — Au point de vue
du droit invoqué par le requérant, et qu'il fonde sur
l'art. 31 du cahier des charges, il est à remarquer que

cet article, en parlant des *fondés de pouvoirs* des familles, n'exige pas que les mandats soient écrits et légalisés. Un pouvoir verbal est donc suffisant, puisque, d'ailleurs, l'entreprise, ayant la faculté d'exiger le paiement préalable, ne court pas le risque d'un désaveu de la part des familles. Quant aux intérêts de ces dernières, ils sont pleinement garantis au moyen de la vérification qu'on les met à même de faire. Enfin, à l'égard des bénéfices de l'entreprise, il est possible que l'intervention de personnes s'occupant habituellement des cérémonies funèbres puisse quelquefois les réduire. Mais ce ne serait point là un juste motif d'admettre les prétentions du requérant ; car ce sont les familles qui profitent de ces réductions, et cette faculté leur est expressément accordée par le règlement. On pourrait même dire que c'est le vœu des décrets du 23 prairial an XII et du 18 août 1811, desquels il résulte qu'en principe la composition des diverses classes du tarif a pour objet de fixer un maximum que les familles ne pourront jamais dépasser, mais qu'elles auront toujours la faculté de réduire. — Le ministre ajoute qu'au point de vue purement administratif, il est très important que le service des inhumations s'opère avec promptitude et décence. Or, il est facile de comprendre combien ce double but pourrait être souvent manqué, s'il dépendait de l'entrepreneur de refuser ou d'accorder les convois, selon que le demandeur serait un agent d'affaires, ou bien un membre de la famille. Par tous ces motifs, le ministre émet l'avis qu'il y a lieu de rejeter le recours du sieur Lemaistre

AU NOM DU PEUPLE FRANÇAIS. — Nous, membres du gouvernement provisoire, etc. — Vu le cahier des charges approuvé par ordonnance du 11 septembre 1842;

Considérant qu'aucune disposition du cahier des charges ci-dessus visé n'autorise l'entrepreneur du service général des Inhumations et Pompes funèbres de la ville de Paris à exiger la représentation d'un mandat écrit et dûment légalisé pour les commandes qui lui sont faites au nom des familles par des fondés de pouvoirs;

Art. 1er. La requête du sieur Lemaistre est rejetée.

M. Janvier, conseiller d'État, *rapp.* — M. Hély d'Oisel, *min. pub.* — Me Moreau, *avocat.*

M. Balard croit intéressant pour les familles de leur faire connaître la divergence des opinions de la préfecture de la Seine relativement aux bureaux particuliers dont il est question dans l'arrêté du Conseil d'État. Pourquoi cette divergence?

Il pense que ces bureaux devraient être soumis à une surveillance périodique effectuée *par la préfecture de police;* les directeurs de ces établissements, quels qu'ils fussent, même de la parenté des *entrepreneurs,* auraient la responsabilité de leurs opérations. Alors peut-être, suivant l'expression de M. Husson, on parviendrait à *pénétrer les secrets de l'exploitation financière de l'entreprise* (1).

(1) Rapport fait au préfet de la Seine le 18 mai 1851, par M. Husson, chef de la 2e division, page 13, § 3.

CONSTITUTIONNEL DU 18 JANVIER 1848.

Lettre de **M. GANNAL** *à* **M.** *le Préfet de la Seine.*

Paris, le **12** Janvier **1848.**

MONSIEUR LE COMTE,

J'ai déjà eu l'honneur de vous adresser plusieurs fois de *pressantes réclamations* au sujet d'un *abus* d'une inconvenance choquante, *pénible* pour les familles, préjudiciable aux intérêts qui me touchent. — Dieu me garde de m'arrêter aux calomnies que des *industriels*, entraînés par *l'appât du lucre*, se permettent de propager contre moi : c'est une infamie que, malheureusement, les tribunaux sont impuissants à réprimer.

Mais un *scandale* que l'administration peut immédiatement *arrêter*, c'est celui auquel donne lieu la *persistance impitoyable de ces industriels , en s'introduisant dans les familles aussitôt* après le *décès de l'un de leurs membres.* — Il vous serait facile, M. le Préfet, de vous convaincre que dans *l'heure qui suit une déclaration de mort*, M. *Roques,* pharmacien, *beau-frère* de M. *Pector, directeur* de l'administration des *Pompes funèbres*, et associé de M. Sucquet, se présente dans les maisons pour offrir ses services, et dénigrer ma personne et mes travaux. — Hier encore, rue de Vaugirard, n° 131, à l'occasion du décès de M. le lieutenant-général comte Chalot, on s'est présenté *à cinq reprises différentes*; et, *malgré les ordres les plus formels, un agent de ces industriels est parvenu à pénétrer dans l'appartement de Mme la comtesse Chalot, veuve du général.*

Je pense, M. le Préfet, que, dans l'intérêt de la justice et de *la morale publique*, mais aussi afin d'obliger M. *Pector* à se tenir dans les termes de son cahier des charges, vous aurez la bonté de donner des ordres pour faire cesser d'une manière absolue *les abus scandaleux* que je crois devoir vous signaler.

J'ai l'honneur, etc.

Signé GANNAL,
Rue de Seine, n° 106.

Paris. — Imprimerie d'Emile ALLARD, rue d'Enghien, 14.

PREMIÈRE ÉPITRE

A M. VAFFLARD,

DIRECTEUR DE LA COMPAGNIE GÉNÉRALE

DE SÉPULTURES.

MONSIEUR,

Il m'est parvenu un exemplaire de votre nouveau factum sur les inhumations et pompes funèbres dans la ville de Paris. Il est à regretter, au point de vue grammatical, que, cette fois, M. MEYNARD vous ait refusé sa coopération; mais le prix exorbitant qu'ont atteint les denrées en 1847 justifie suffisamment l'économie que vous avez cru devoir faire, et, dans une question toute de chiffres et de personnes, le lecteur doit se montrer accommodant sous le rapport du style.

Il résulte de cette nouvelle publication quatre choses principales, qui sont,

La première, que, aujourd'hui comme jadis, le cahier des charges et l'entrepreneur vous gênent beaucoup;

La seconde, que l'ordonnateur BALARD DE LA CLAUSURE est un grand homme qui n'est pas à sa place;

La troisième, que votre ex-confrère Pector pensait et écrivait comme vous, dans les mêmes circonstances et sous l'empire des mêmes intérêts (ce qui doit prodigieusement émouvoir le public);

La quatrième, c'est que vous voudriez bien voir appliquer la forme EN RÉGIE au service adjugé jusqu'à ce jour par forme de BAIL à un entrepreneur.

Le cahier des charges et l'entrepreneur vous gênent! Parbleu! monsieur, je le crois bien : on pourrait être gêné à moins. Conçoit-on un article 48 qui proscrit votre industrie bâtarde et parasite et qui oblige l'entrepreneur à la poursuivre; un article 34 qui vous contraint à exhiber les pouvoirs de ceux dont vous vous prétendez mandataire; un article 33 qui établit un préposé dans chaque mairie pour ôter l'ombre d'un prétexte à votre intervention; des tarifs enfin si clairs, si précis, qu'ils ferment hermétiquement la porte à tout glanage de la part des tiers? Conçoit-on qu'un entrepreneur, UN MARCHAND, comme vous l'appelez, ne partage pas de bonne grâce avec certains frelons, pour les faire taire, les minces bénéfices qui peuvent lui rester quand il a acquitté toutes les charges qui pèsent sur lui?

A quoi tiennent donc les destinées humaines? Si vos goûts naturels vous eussent entraîné vers tout autre service, LES POUDRETTES, par exemple, qui s'adjugent aussi sous forme de bail, les entrepreneurs de pompes funèbres eussent coulé des jours sereins et sans nuages; leurs cahiers de charges fussent restés sinon inattaquables, du moins inattaqués ; mais chacun des êtres créés apporte son instinct en venant au monde : vous êtes né l'ennemi des cahiers de charges des pompes funèbres et de leurs entrepreneurs, comme les taons, les tiques, les moustiques et les maringouins naissent ennemis des espèces que le ciel leur a dévolues en pâture. Vous avez estropié ceux de 1832, vous avez démoli, culbuté ceux de 1842 ; et, bien que l'ordre de choses actuel (assez bizarre) soit votre œuvre en grande partie *et celle d'une protection qui vous est chère*, déjà..... Mais n'anticipons pas.

Certes, monsieur, en lisant l'extrait que vous donnez des œuvres de M. BALARD, on est forcé d'avouer que ce génie n'est pas à sa place ; mais, à force de parler de lui, ne craignez-vous pas de l'y faire mettre ? C'est un scrupule qui aurait pu vous venir comme à moi, et probablement comme à lui-même, si tant est qu'il vous lise.

Feu M. PECTOR père, dont vous invoquez le nom et les écrits, courait, lorsqu'il écrivait, la même carrière où vous triomphez : il était gêné, comme vous, par les cahiers de charges et les entrepreneurs de son temps, et, comme vous, alors il se croyait obligé d'imprimer dans l'intérêt de son industrie particulière. Mais vous savez bien que M. PECTOR père est mort en 1843, et *que, à l'aide des protections dont vous jouissez*, son fils est aujourd'hui à la tête de l'entreprise que vous attaquez, non pas comme entrepreneur que je sache, mais comme mandataire de particuliers qui ne le sont pas non plus. Croyez-vous que, en voyant M. son fils si haut placé dans la hiérarchie sociale (1), **M. Pector** père tiendrait encore le langage que vous exhumez malicieusement? croyez-vous qu'il ne rachèterait pas au prix de son sang le dernier exemplaire de ses brochures? Vous savez si bien ce dont est capable un cœur de père, monsieur, que, par une petite malice innocente, qui, du reste, fait honneur à vos sentiments, vous affectez de confondre le père avec le fils, en sorte qu'un lecteur peu au courant de la lignée des **Pector** pourrait croire que le **Pector** d'aujourd'hui, régisseur temporaire et révocable des pompes funèbres, est un personnage inconséquent écrivant contre lui-même.

Laissons donc là ce pauvre **M. Pector** père, qui ne pouvait pas prévoir l'élévation prodigieuse de M. son fils, et, sans invoquer l'autorité de ses œuvres un peu surannées, contentez-vous de la vôtre, monsieur, qui paraît d'un poids plus que suffisant en matière de pompes funèbres.

A voir l'ardeur qui vous anime contre les abus que vous signalez, et quand on songe que votre compagnie générale de sépultures ne vit que d'un prélèvement sur ces mêmes abus, on est d'abord inquiet sur l'avenir de vos actionnaires : en effet, les 5 pour 100 d'honoraires que vous demandez à vos clients diminuent en raison des ra-

---

(1) On sait que M. Pector fils gère l'entreprise des pompes funèbres comme mandataire de MM. Lechartier, menuisier fort considéré et fort instruit, Mallet, tapissier non moins célèbre et capable, et Boch, ancien marchand de bois, puissamment riche, pensionné de l'État comme ayant exercé, pendant trente ans, les fonctions délicates de distributeur des imprimés à la chambre des députés, et chevalier de l'ordre royal de la Légion d'honneur.

bais que vous imposez à l'entrepreneur; et il est bien clair que vos premières classes, de 2,300 fr., ne vous donnent droit qu'à 115 fr., tandis que vous en auriez 500 si vous les faisiez de 10,000. — LA COMPAGNIE GÉNÉRALE DE SÉPULTURES ferait-elle revivre au profit du public les vertus de l'antiquité? se sacrifierait-elle pour sauver la patrie menacée par les pompes funèbres? Dieu! que ce serait un beau spectacle, dans notre siècle d'égoïsme, de voir cette foule d'actionnaires se dévouant à l'intérêt public!

Mais ici encore, monsieur, et toujours par un sentiment qui vous honore, celui de la modestie, vous vous exposez à induire en erreur le lecteur mal renseigné. Pourquoi ne pas lui dire ce qui est : que VOTRE COMPAGNIE GÉNÉRALE se compose de VOUS TOUT SEUL, et que la société au grand complet se rassemble et délibère chaque soir (et sans scandale) dans la chambre à coucher de madame?

Réduite à cette proportion, VOTRE COMPAGNIE GÉNÉRALE n'en est pas moins respectable, sans doute; mais ses tendances ultrà-libérales s'expliquent. Un républicain bien connu, interpellé en famille sur ses opinions exagérées, répondait : *Papa, j'ai grande chance d'être nommé consul.* LA COMPAGNIE GÉNÉRALE QUE VOUS PERSONNIFIEZ N'AURAIT-ELLE PAS GRANDE CHANCE D'ARRIVER A LA DIRECTION si les pompes funèbres étaient mises EN RÉGIE; ou bien, en d'autres termes, VOTRE COMPAGNIE GÉNÉRALE N'EST-ELLE PAS UN PEU COUSINE DE CERTAIN PETIT MONSIEUR, PLUS HARDI QUE MÉRITANT, QUI A L'OREILLE DE M. LE PRÉFET?

Avec une protection de cette longueur, il vous est, sans doute, permis d'espérer beaucoup ; mais ne craignez-vous pas qu'en tirant trop brusquement elle ne vienne à vous échapper? LE COUSIN DE VOTRE COMPAGNIE GÉNÉRALE n'a pas toujours paru très-rassuré lui-même à cet égard, et l'on a vu des moments où il aurait volontiers renié la parenté. — Blâmez, attaquez, censurez, *sangsurez* surtout, si vous pouvez ; mais n'imprimez pas : voilà le principe de nos administrateurs, et je doute fort que les œuvres de M. PECTOR père, celles de M. BALARD DE LA CLAUSURE, les vôtres même soient du goût de M. LE PRÉFET, bien que, comme chacun sait, ce soit un de nos MANDARINS les plus lettrés.

D'ailleurs, à quoi bon imprimer? La difficulté pour vous n'est pas d'estropier, démolir ni tuer un cahier de charges ni un entrepreneur : vous avez fait vos preuves ; la difficulté véritable, c'est d'avoir les pompes funèbres sans argent, c'est de les faire mettre en régie, c'est d'en devenir le régisseur. Tout cela peut se faire sans bruit, à l'amiable, entre vous et vos protecteurs ; espérez tout du temps et de l'esprit de conduite : tout vient à point à qui sait attendre, et le petit cousin de votre compagnie générale EST UN GRAND CHEF, comme disaient les Osages.

Pour moi, monsieur, simple spectateur de vos généreux efforts, et parvenu à un âge où j'aurai prochainement besoin de VOTRE PIEUX MINISTÈRE, comme vous l'appelez, j'ai besoin de vous exprimer toutes mes sympathies, et

je m'éteindrais bien doucement si j'avais la perspective
d'être enterré par vous EN RÉGIE.

Nous reviendrons incessamment, si vous le trouvez bon,
sur tous ces sujets si intéressants , que je n'ai fait qu'ef-
fleurer aujourd'hui.

J'ai l'honneur d'être ,

monsieur Vafflard ,

de votre COMPAGNIE GÉNÉRALE

le très-sincère admirateur.

10 juin 1847.

IMPRIMERIE DE MADAME VEUVE BOUCHARD-HUZARD, RUE DE L'ÉPERON, 7.

DEUXIÈME ÉPITRE

A M. VAFFLARD,

DIRECTEUR DE LA COMPAGNIE GÉNÉRALE
DE SÉPULTURES.

Je vous ai promis, monsieur, de revenir sur les questions concernant votre pieux ministère et si palpitantes
d'intérêt pour les personnes mûres. Aurons-nous enfin
une régie? le régisseur sera-t-il Guillaume, Gauthier ou
Garguille? Telles sont les questions que l'on s'adresse
depuis l'apparition de votre brochure.—Connaissez-vous
M. Balard de la Clausure? — C'est cette belle tête pâle
que vous voyez là-bas; favoris blanchis par les méditations, chapeau à cornes. Avez-vous eu le bonheur de voir
M. Vafflard? — C'est ce beau jeune homme plus que blond
qui chante une romance; œil doux, belles dents, tenue
parfaite. Je voudrais bien connaître MM. Pector et Lechartier; car on dit que, *à l'instar des jumeaux siamois*, ils ne
marchent jamais l'un sans l'autre. — Donnez-vous la
peine de vous asseoir. Ces deux messieurs vont paraître;
non pas, comme les frères siamois, unis par une ignoble
membrane, mais unis par les liens charmants de la plus
étroite amitié et de la confiance mutuelle la plus touchante :
le mandant et le mandataire ne peuvent pas se perdre de
vue un moment. Voilà, monsieur, les conversations ordinaires de nos salons. Cette sollicitude si naturelle du public
me détermine à reprendre la plume beaucoup plus tôt,
désireux de joindre mon faible concours aux efforts que

vous tentez EN FAVEUR DU PEUPLE FRANÇAIS, pour lui obtenir une régie.

Je vous recommandais la patience et la prudence, et j'avais mes raisons. Avant d'investir une place, l'ingénieur habile en étudie avec soin la topographie; pas un pli, pas un accident du terrain ne doit lui rester inconnu. Examinons donc la configuration et la conformation de la société actuelle des pompes funèbres qui, si je ne me trompe, est loin d'être dans des conditions normales. — J'ai sous presse un petit ouvrage sur les sociétés en commandite appliquées aux services publics qui s'adjugent ; mais, comme je le dédie, en témoignage de reconnaissance, *à un chef de bureau de la préfecture de la Seine auquel je dois la position que j'occupe*, je vous demande la permission de lui en réserver toute la primeur ; et je me tiendrai, pour aujourd'hui, à des considérations spéciales.

La société actuelle des pompes funèbres est ainsi formée :

1° M. Pector fils, GÉRANT TEMPORAIRE ET RÉVOCABLE, sous le bon plaisir de MM. Boch, Lechartier et Mallet : on voit déjà que M. Pector n'est qu'un nom, et que ses pouvoirs se bornent à exécuter les arrêts de cette majorité qu'on retrouve partout et qui n'a pas pu être déplacée depuis Adam ;

2° M. Boch, le capitaliste, le financier, chargé de la caisse par *feu l'acte de société* et qui la conserve, en vertu de je ne sais trop quoi, depuis l'anéantissement de cet acte ;

3° M. Lechartier, sans qualité spéciale apparente, mais en mission secrète auprès de M. Pector, qu'il ne quitte pas ;

4° M. Mallet, qui n'a pas d'attributions fixes.

Quoi qu'il en soit des attributions particulières, ces quatre messieurs, dans l'origine, SIMPLES BAILLEURS DE

FONDS COMMANDITAIRES, ont eu le talent d'arriver à s'IM-
MISCER, quand l'affaire a été définitivement jugée bonne ;
ET ILS FONT ACTE D'ADMINISTRATION COLLECTIVE, en sorte
qu'il est très-permis de citer leurs noms et de juger leurs
actes.

Il y a bien, de par le monde, un cinquième associé ;
mais je ne sais trop comment vous parler de celui-là. Il
ne gère pas avec les quatre autres, et il entend bien ne
pas être responsable de leur gestion. Néanmoins c'est,
administrativement parlant, LE VRAI, LE SEUL, L'UNIQUE
ENTREPRENEUR ADJUDICATAIRE ET PROPRIÉTAIRE DU SER-
VICE, en vertu de l'ordonnance du roi du 11 septembre
1842, en vertu du procès-verbal d'adjudication du 16 novembre suivant, en vertu de l'arrêté municipal qui l'a mis
en possession, en vertu de l'acte de société même que les
quatre autres ont eu l'art de confisquer, en vertu enfin de
la sentence arbitrale OBTENUE contre lui par les autres,
laquelle, en lui enlevant l'administration de sa société,
NE POUVAIT PAS ET S'EST BIEN GARDÉE DE TOUCHER LA
QUESTION D'ADMINISTRATION MUNICIPALE.

Cet état de la Société a, comme tout dans ce monde,
ses avantages et ses inconvénients.

Le principal avantage est d'avoir fait surgir au pouvoir
quatre hommes de mérite ensevelis dans l'obscurité jusque-
là. Déjà, malgré le peu de temps écoulé depuis leur avé-
nement, quelques améliorations sensibles se sont produites : le cabriolet du gérant a été repeint à neuf et une
livrée a été créée pour son cocher.

Les inconvénients sont assez nombreux et assez graves ;
ils se divisent en deux catégories : la première relative à
l'essence même de la société ; la seconde relative à l'administration publique municipale. Comme je ne fais pas ici
un cours de droit, je laisserai de côté cette classification,
et je mettrai en relief ces inconvénients dans l'ordre ou,

si vous le préférez, dans le désordre naturel où ils se présentent à ma pensée.

1° Les quatre associés qui ont fait invasion ne peuvent exciper ni d'un titre administratif régulier en leur faveur, ni d'une simple renonciation de l'associé entrepreneur; ils ne peuvent pas, ils n'ont pas pu devenir, en l'absence de toute forme, propriétaires réguliers de la chose qu'ils ont envahie, c'est-à-dire du service adjugé à l'associé entrepreneur (art. 52, 69 et 70 du cahier des charges); ils peuvent donc se décerner tous les titres qui leur plaisent, gérant, régisseur, administrateur; ils font, comme on a dit dans une récente occasion, *rien..., rien..., rien.*

2° Ils n'ont pas qualité pour verbaliser en matière de contravention; ils ne peuvent exercer aucune action valable contre les contrevenants; ils n'ont pas le droit d'agir au nom des fabriques et consistoires; ET IL POURRAIT ARRIVER QU'UN CONTREVENANT DE PROFESSION, M. BARBIER, PLOMBIER, PAR EXEMPLE, LEQUEL ANNONCE PUBLIQUEMENT DES CERCUEILS A BON MARCHÉ, REPOUSSAT L'ACTION DE MM. PECTOR ET LECHARTIER AVEC CES SEULS MOTS : JE NE VOUS CONNAIS PAS, NESCIO VOS.

3° Il pourrait arriver aussi qu'une ou plusieurs familles entêtées refusassent de payer des convois sans la quittance de l'entrepreneur; ces messieurs n'auraient, dans ce cas, ni mandat ni qualité pour la donner : on leur répondrait encore, *nescio vos.*

4° Les mandats des remises que la ville de Paris doit à l'entrepreneur ne peuvent être délivrés valablement qu'au nom de ce dernier; ils ne peuvent être payés que sur sa quittance : il serait bon de savoir en vertu de quoi ils peuvent être ordonnancés au nom d'un autre, et quelles pièces pourront être produites à la cour des comptes à l'appui des payements.

5° L'associé adjudicataire, ce cinquième associé, j'allais

dire cette cinquième roue du carrosse, est dans une position privilégiée bien extraordinaire. Il n'a pas pu être destitué, M. le préfet a reconnu lui-même qu'il n'y avait pas lieu. On n'a pas pu arracher sa démission, malgré tout ce qu'on a pu dire et faire. Sa gestion personnelle comme entrepreneur est donc désormais inattaquable; il ne peut être responsable de l'intrusion de ses bailleurs de fonds, à qui M. le préfet a prêté son appui, et les actes des intrus ne peuvent lui être imputés a aucun titre; en sorte que, si, contre toute apparence, MM. Boch, Pector, Mallet et Lechartier tombaient en faillite (on a vu chose plus extraordinaire), l'embarras de l'administration serait extrême, en présence des droits de l'adjudicataire réel qu'elle a aidé à dépouiller sans en avoir le droit, et qui, par cela même, est désormais irresponsable et inattaquable. Cette situation est le résultat des combinaisons administratives du cousin de la compagnie générale des sépultures : rendons justice aux capacités.

6° Pour que l'entrepreneur eût pu être dépouillé de son service valablement, il eût fallu ou qu'il contrevînt au cahier des charges, où qu'il fût en faillite ou en déconfiture; et encore, dans ces trois cas, M. le préfet était-il tenu (art. 70) de faire procéder immédiatement à une réadjudication. Rien de tout cela n'a eu lieu, et la raison en est simple : les bailleurs de fonds envahisseurs eussent bien voulu, sans doute, la faillite et la déconfiture, mais ils ne veulent pas la réadjudication. Cependant, s'il arrivait que, lassés de débats ignobles, fatigués de lutter contre une avidité et une mauvaise foi que rien ne peut exprimer, dit-on, les créanciers personnels du cinquième associé, sa malheureuse femme par exemple, demandassent directement au ministre l'exécution du cahier des charges, c'est-à-dire la réadjudication, le ministre ne

POURRAIT LA REFUSER, et alors les associés envahisseurs fourniraient le plus curieux spectacle de mœurs qu'on puisse voir.

C'est donc bien ici une affaire de personnes, et ce n'est pas une affaire d'administration. « Voilà un gaillard qui me
« déplaît souverainement, il a trop d'esprit pour vous et
« pour moi, culbutons-le. Faites-lui un procès civil ou
« commercial, c'est toujours faisable ; on embarbouille
« tout quand on veut, et je puis, en ce genre, vous
« donner des conseils et des exemples. Je vous ferai aider
« du concours de l'administration, *je vous fournirai même,*
« *pendant l'instance, une lettre d'un haut fonctionnaire*
« *adressée à vous par décence, mais en réalité aux arbitres :*
« vous n'oublierez pas de la leur montrer. — C'est très-
« bien ; mais... la RÉADJUDICATION ? — La RÉADJUDICA-
« TION EST UN ENFANTILLAGE ; le cahier des charges dit
« que, *en cas de décès,* les héritiers OU AYANTS CAUSE pour-
« ront présenter un successeur. *Vous n'êtes pas héritiers ;*
« *soyez ayants cause, constituez-vous ayants cause, ayez*
« *l'air d'être ayants cause ; j'aurai l'air, moi, de vous*
« *prendre pour tels bon jeu, bon argent.* Pour cela, faites-
« vous créanciers de sommes énormes, et surtout criez
« ferme. Obtenez, n'importe comment, la moindre sen-
« tence, bien grosse par la tête, dût-elle *desinere in pis-*
« *cem* par la queue ; prêtez-la-moi, je la *municipaliserai*
« n'importe comment, et nous verrons si notre homme
« s'en tire. Réclamez-lui du premier coup 200,000 fr.,
« c'est un chiffre rond et sonore ; ils se réduiront à
« 100,000, à 60,000, à 40,000, à rien même *si on pou-*
« *vait liquider à jour,* peu importe ; s'il résiste, ses quatre
« années de gestion représentent un compte de 16 mil-
« lions en recette et en dépense, nous lui jetterons cela
« dans les jambes, et avant la liquidation sa mère sera
« morte de faim, sa femme aussi, sa famille sera ruinée,

« et lui, en supposant qu'il ait la vie trop dure, il se sera
« brûlé la cervelle. »

Voilà, monsieur, comment on fait une salade complète ;
et, quand une fois elle est bien retournée, c'est à n'y plus
rien distinguer. Le civil ou le commercial est devenu
municipal, le municipal est devenu civil , personne n'y
entend plus rien, la victime est morte ; on n'en parle plus
et on passe à d'autres travaux.

Je n'ai fait cette longue digression, monsieur, que parce
que le chapitre des voies et moyens me paraît avoir bien
son importance. Une chose me surprend ; c'est qu'habile
conme vous l'êtes, vous n'ayez pas, dans l'intérêt de votre
régie future, songé à mettre à profit cette situation malheureuse de la société des pompes funèbres. Vous attaquez
à la housarde ce pauvre M. Pector qui n'est rien et qui
n'en peut mais, car il a plus consulté son appétit que
ses forces ; autant vaudrait vous en prendre à ce bon
M. Lechartier, son ménechme, dont l'innocence administrative est hors de doute. Ce cinquième associé, ce nœud
gordien de la difficulté, ce M. Lemaistre, puisqu'il faut
enfin l'appeler par son nom, est-il donc inabordable ? En
dépit de toutes les sentences , de tous les jugements OB-
TENUS contre lui, aurait-il encore la réputation d'honnête
homme ? Ce serait une chose bien singulière que cet
homme, condamné, ruiné, supprimé (je ne dis pas destitué), rayé pour ainsi dire du tableau des vivants, ne
fût pas le FRIPON DE L'AFFAIRE ! — Il faudrait que le dos-
sier de cette affaire pût être dépouillé par une main consciencieuse ; on y trouverait, certes, des enseignements et
des renseignements utiles, et je serais curieux de savoir à
quel tribunal elle pourrait ressortir en définitive.

Les embarras de cette triste société prouvent victorieu-
sement, selon moi, la supériorité de votre système *en régie*.
Que sera-ce donc lorsque, dans ma première lettre, l'au-

torité des chiffres viendra ajouter son poids à vos arguments? Dès aujourd'hui, et en bloc, nous pouvons nous en rendre compte.

Répartition d'une année de recette en régie.

Intérêts du prix du matériel. Mémoire.
Entretien du matériel, nourriture des chevaux, salaires des employés et des agents et ouvriers, 40 p. %; ci. 40
Frais de gestion et administration (état-major), 5 p. %; ci. . . . 5
Coulage,
Grattage, } 10 p. %. 10
Regrattage,
Aux fabriques et consistoires (compensation faite d'une section à l'autre), 55 p. o/°; ci. 55
____
Total. . . . . 110 p.%
Déficit annuel, 10 p. %; ci. 10

Cette dernière somme, suivant l'idée du grand bilboquet, pourrait être réservée à titre de secours aux bedeaux et aux suisses.

Vous voyez donc bien, *cher* monsieur Vafflard (excusez cette familiarité que m'arrache l'enthousiasme), vous voyez bien, dis-je, que votre pensée est grande, généreuse et philanthropique! *Séculariser* les deniers du clergé en les faisant changer de poche, c'est une idée qui n'est pas neuve, elle date des états généraux; mais orner cette pensée des formes grandioses de l'empire, constituer une administration des *droits réunis des fabriques*, c'est là qu'est le mérite; et, pour peu que vous donniez aux employés régleurs l'uniforme des *capitaines de commissionnaires* ou des *porteurs de l'Époque*, je vous prédis un succès fou.

J'ai toujours l'honneur d'être, etc., etc.

10 juillet 1847.

IMPRIMERIE DE MADAME VEUVE BOUCHARD-HUZARD, RUE DE L'ÉPERON, 7.

TROISIÈME ÉPITRE

A M. VAFFLARD,

DIRECTEUR DE LA COMPAGNIE GÉNÉRALE

DE SÉPULTURES.

———

Il semblerait, monsieur, que j'ai eu le don de prophétie : à peine ai-je eu le temps de vous envoyer ma dernière lettre, qu'une partie des possibilités que j'indiquais devient faits accomplis. J'ai appris de bonne source, et je tiens pour certain, que le cinquième associé des pompes funèbres, l'associé qu'on passe sous silence, l'*associé bête noire* (l'ASSOCIÉ ENTREPRENEUR, SOIT DIT ENTRE NOUS), allait s'adresser à la fois à la chambre des députés, à **M.** le ministre de l'intérieur et à **M.** le préfet de la Seine pour demander l'exécution du cahier des charges de son adjudication. J'ai pu me procurer copie de la pétition qu'il adresse à **M.** le préfet, et je vous l'envoie ; elle me paraît logiquement déduite, respectueusement exprimée pour **M.** le préfet, et il me paraît difficile qu'on n'y réponde pas.

*A **M**. le pair de France, préfet du département de la
Seine.*

« **Monsieur le préfet**,

« J'ai l'honneur de vous exposer les faits suivants :
« Aux termes d'un procès-verbal par vous dressé en
« conseil de préfecture le 16 novembre 1842, enregistré,
« j'ai été déclaré **adjudicataire, en mon nom personnel**,
« du service général des pompes funèbres de la ville de
« Paris, pour neuf années, à compter du jour où je pren-
« drais possession du service.

« Par décision du 28 du même mois, de laquelle vous
« m'avez donné avis le même jour, **M.** le ministre de
« l'intérieur a approuvé l'adjudication prononcée **a mon**
« **profit**.

« Un arrêté, par vous pris le 14 janvier 1843, a or-
« donné que, attendu que les opérations d'inventaire
« estimatif étaient closes, attendu que je justifiais de la
« quittance **a moi** donnée par mon prédécesseur du prix
« du matériel, je serais mis en possession du service le
« 15 janvier 1843, au matin.

« En conséquence, à compter de cette dernière époque,
« **je suis devenu l'entrepreneur du service général**
« **des inhumations et pompes funèbres de la ville de**
« **Paris**.

« L'art. 52 du cahier des charges de mon adjudication

« porte : L'adjudicataire devra exploiter l'entreprise en
« son nom, il ne pourra la céder en tout ni en partie,
« sans le consentement exprès de l'administration, et il
« lui est interdit de la mettre en société par actions, le
« tout sous peine de déchéance, conformément au dernier
« paragraphe de l'art. 69.

« Lors donc que, par un acte sous seing privé fait le
« 21 décembre 1843, c'est-à-dire treize mois après mon
« adjudication et onze mois après ma mise en possession,
« j'ai formé pour l'exploitation de mon service une société
« en commandite avec les sieurs Boch, Lechartier, Pector
« et Mallet, je n'ai pas pu entendre leur céder tout ou par-
« tie de mon entreprise, et la préfecture n'a pas non plus
« compris qu'il en dût être ainsi, car je lui ai commu-
« niqué mon acte de société à l'état de projet, et la réponse
« qui m'a été donnée par écrit et que j'ai conservée éta-
« blit parfaitement le contraire.

« Des contestations toutes privées, dont l'origine et la
« cause se révèlent et deviennent plus claires de jour en
« jour, se sont élevées entre moi et mes associés bailleurs
« de fonds commanditaires.

« Une sentence arbitrale par eux obtenue le 16 janvier
« 1847 m'a déclaré déchu de la gestion de cette même
« société.

» Des motifs à moi personnels, que je rendrai publics
« un jour, m'ont engagé à me désister de l'appel inter-
« jeté par moi de cette sentence.

« Ainsi j'ai perdu le droit de gérer ma société, ET JE

« ME SUIS TROUVÉ DANS CETTE POSITION, OU DE REM-
« BOURSER MES COMMANDITAIRES EN LEUR EN SUBSTI-
« TUANT D'AUTRES A MES RISQUES ET PÉRILS, OU DE
« TRAITER AVEC EUX DE MA PART DANS LA SOCIÉTÉ, SOUS
« VOTRE AGRÉMENT, conformément à l'art. 52 du cahier
« des charges.

« VOUS M'AVEZ ENLEVÉ CETTE ALTERNATIVE, monsieur
« le préfet, et par un arrêté pris par vous à la date du
« 23 février 1847, c'est-à-dire presque à la date de la
« sentence, vous avez, sur la demande de mes comman-
« ditaires, agréé le sieur Pector, un d'entre eux, pour me
« remplacer en qualité d'entrepreneur pour tout le temps
« restant à courir de mon bail.

« Vous avez été plus loin encore, s'il est possible, par
« cet arrêté, car vous y approuvez implicitement, en la
« visant, une déclaration des personnes qui m'ont fourni
« mon cautionnement (8,000 fr. de rente 5 p. %), por-
« tant qu'elles consentent à ce que le cautionnement soit
« appliqué à la gestion du sieur Pector.

« Le tout sans que vous m'ayez appelé ni devant le
« conseil de préfecture, ni devant vous, sans que j'aie été
« entendu par personne, sans que j'aie consenti à quoi
« que ce soit, ni vis-à-vis de l'administration, ni vis-à-vis
« de mes associés, ni vis-à-vis des tiers bailleurs de mon
« cautionnement ; le tout, sans que j'aie été déclaré en
« faillite ni dès lors, ni même depuis (bien que l'état de
« choses dure depuis six mois) ; le tout enfin sans que je
« fusse mort.

« Il me paraît donc bien clair, monsieur le préfet, que
« je me trouve dans un cas tout à fait imprévu par mon
« cahier de charges ; qu'on n'a pas pu ou qu'on n'a pas
« voulu prononcer ma destitution ni ma déchéance, mais
« qu'on m'a simplement fait GLISSER pour se débarrasser
« de moi ; en sorte que le résultat de cet arrêté si funeste
« pour moi et les miens a été de faire durer l'entreprise
« en changeant l'entrepreneur, de substituer un individu
« qu'on croyait préférable à un entrepreneur qu'on n'ai-
« mait pas. QUI DONC A DIT CEPENDANT QUE J'EUSSE
« VOULU ÊTRE L'ASSOCIÉ DE M. UN TEL EN LE LAISSANT
« ADMINISTRER ?

« Sans doute, des motifs d'administration qui m'échap-
« pent ont basé votre arrêté ; mais il est probable que vos
« motifs de préférence n'ont pas été jusqu'au désir d'en-
« richir mes commanditaires de mon avoir : tel est cepen-
« dant le résultat réel, comme je vais vous le démontrer.

« Je sais bien que pour motiver cet arrêté on y allègue
« (mais timidement, comme en passant et sans viser
« aucune pièce) un prétendu retard sur les versements à
« faire aux fabriques et à la caisse de la préfecture ; mais
« votre arrêté est du 27, monsieur le préfet, mon verse-
« ment devait être fait le 25 : c'étaient deux jours de re-
« tard, et je n'ai pas été mis en demeure. Quant à la
« caisse de la préfecture, je lui devais 24,000 fr. environ ;
« elle m'en devait plus de 40,000, et j'ajoute que la cause
« du prétendu retard était tellement connue de l'admi-
« nistration, que je n'ai reçu de personne ni une mise en

« demeure ni une simple lettre d'avis : en effet, tout le
« monde savait que mes commanditaires avaient formé
« opposition sur mes fonds *chez mon banquier et à la*
« *caisse de la préfecture ;* mais tout le monde savait aussi
« que, en matière de service public, une opposition ne
« peut arrêter que les deniers personnels de l'entrepreneur
« et non pas ceux du service même ; qu'en conséquence,
« c'était une question de simple référé.

« Il semble donc, au premier coup d'œil, que ce retard
« (non constaté du reste) a été fait pour l'arrêté ; mais je
« veux faire une large part aux causes de votre décision,
« monsieur le préfet, et j'admettrai comme simple sup-
« position qu'un retard réel existât et que je fusse en état
« de faillite ou mort. C'était au provisoire seulement,
« qu'aux termes de mon cahier de charges, vous pouviez,
« dans ces trois cas, statuer par voie d'arrêté. Un récole-
« ment de mon matériel devait être fait par un expert
« nommé par vous ; et, faute par mes héritiers ou ayants
« droit d'avoir présenté un gérant à votre agrément dans
« le délai de deux mois, LA DÉCHÉANCE pouvait être pro-
« noncée PAR LE CONSEIL DE PRÉFECTURE (sauf recours),
« ET LA RÉADJUDICATION DEVAIT S'ENSUIVRE IMMÉDIA-
« TEMENT.

« Au lieu d'observer ces formes protectrices des intérêts
« de tous, l'arrêté agrée un successeur définitif pour tout
« le temps restant à courir de mon bail, SANS DÉCISION DU
« CONSEIL DE PRÉFECTURE, sur la simple demande de mes
« commanditaires qu'il affecte de prendre pour mes ayants

« droit, quoique je ne sois ni mort NI EN FAILLITE ; et
« remarquez, monsieur le préfet, que depuis six mois
« que j'ai été frappé et dépouillé par cet ARRÊTÉ PRÉVEN-
« TIF, ma faillite n'a été ni déclarée ni même provoquée :
« en sorte que, si elle arrivait aujourd'hui, ON POURRAIT
« DEMANDER VALABLEMENT SI LA FAILLITE N'EST PAS LA
« CONSÉQUENCE NÉCESSAIRE DE VOTRE ARRÊTÉ AU LIEU
« D'EN AVOIR ÉTÉ LA CAUSE.

« Cette manière détournée de PRONONCER VOUS-MÊME
« ET SOMMAIREMENT MA DESTITUTION a eu pour moi des
« résultats bien funestes. D'abord, elle a enlevé à moi et
« à ma famille toute espèce de crédit ; ensuite, comme
« mon acte de société interdit aux associés la vente de
« leurs droits sans le consentement des coassociés, elle
« ne me permet de céder les miens qu'à mes associés
« mêmes, moyennant le prix et aux conditions qu'ils
« voudront bien stipuler, sans pouvoir appeler la concur-
« rence : or je n'ai l'intention de médire ici de personne ;
« mais la nature même de mon procès indique suffisam-
« ment le caractère de commanditaires qui, bon an, mal
« an, pendant ma gestion, n'ont jamais eu moins de 28 à
« 32 p. % de leur argent.

« Dans cette triste situation, monsieur le préfet, je fais
« ici un dernier appel à votre équité bien connue, et je
« vous demande :

« OU LE RAPPORT PUR ET SIMPLE DE VOTRE ARRÊTÉ
« DU 27 FÉVRIER 1847, DANS LE CAS OU VOUS RECONNAI-
« TRIEZ QU'IL EST BASÉ SUR L'ERREUR,

« Ou l'exécution pure et simple de mon cahier de
« charges avec toutes ses conséquences, si je suis,
« a vos yeux, dans un des cas qu'il a prévus.

« Je ne voudrais pas, monsieur le préfet, encourir le
« reproche de manquer de confiance dans votre justice ;
« mais j'ai vu tant de fois mes réclamations les mieux
« fondées s'ensevelir dans les cartons des bureaux, que,
« pour paralyser tout mauvais vouloir subalterne, j'adresse
« deux pétitions aux mêmes fins à **MM.** les membres de la
« chambre des députés et à **M.** le ministre de l'intérieur.
« Je suis, etc., etc. »

Voilà, monsieur Vafflard, la grande nouvelle du jour en
matière de pompes funèbres ; j'ai cru qu'elle valait la peine
de vous envoyer un exprès. Veuillez tenir bonne note de
mon zèle pour vous ; et, si vous devenez *régisseur, directeur* ou *empereur*, réservez-moi une petite place bien tranquille, à l'abri des révolutions, *aurea mediocritas !*

Je suis, plus que jamais, etc., etc.

IMPRIMERIE DE MADAME VEUVE BOUCHARD-HUZARD, RUE DE L'ÉPERON, 7.

QUATRIÈME ÉPITRE

A M. VAFFLARD,

DIRECTEUR DE LA COMPAGNIE GÉNÉRALE

DE SÉPULTURES.

MONSIEUR,

J'avais résolu de cesser une correspondance dans laquelle vous avez adopté un rôle tout à fait muet ; mais voici que les événements se pressent, et il faudrait vraiment le flegme d'un poisson pour rester froid et calme en présence du grand drame judiciaire auquel nous allons assister.

J'ai pris connaissance de l'ASSIGNATION MONSTRE fulminée par le sieur A. PECTOR (*Achille, je suppose, en raison de sa colère*), DIRECTEUR DE LA SOCIÉTÉ EN NOM COLLECTIF QU'IL A SUBSTITUÉE A CELLE EN COMMANDITE FORMÉE PAR LE SIEUR LEMAISTRE, ENTREPRENEUR DES POMPES FUNÈBRES : assignation fulminée, dis-je, contre vous, monsieur, contre M. Rémond, contre M. Dubuis, contre M. Barbier,

contre M. Langlé, contre M. Gannal, l'illustre em-
baumeur, contre cinq ou six familles, contre bien
d'autres encore, et un peu aussi contre le bon sens,
me disait hier une mauvaise langue d'avoué. Voici
comment je me suis vu forcé de lire cette vaste et
ennuyeuse composition qui rappelle, par la variété de
ses ingrédients, le pâté monstre du restaurateur
Dagneau; car vous me ferez, je l'espère, l'honneur
de croire que je n'ai pas fait cette lecture abominable
par goût et pour mon agrément.

Un homme que j'appelais naguère mon ami, et
qui n'est au fond qu'un indigne mystificateur, vint,
il y a peu, me parler des proportions gigantesques
données par le sieur Pector à son assignation. Il y
est question de tout, disait-il, de bureaux, d'enseignes, de titres, d'insertions, d'annonces, de cercueils
en plomb, en chêne, en sapin, d'embaumements, de
transports, de rapports, d'indemnités, de M. Vafflard, de M. Gannal et de vous-même. — De moi!
m'écriai-je en joignant les mains..... Qu'ai-je pu
malheureusement faire pour m'attirer semblable
tuile? — Vous avez, me dit-il d'un air malin, usurpé
la livrée et les couleurs de la MAISON PECTOR. — La
livrée de la maison Pector!... Vous voulez rire : je
n'ai pas de livrée; la redingote noisette que vous
voyez à mon domestique, je l'ai achetée au Temple;
c'est de ces livrées omnibus comme on en voit partout; et depuis quand, d'ailleurs, la couleur noisette

est-elle devenue la propriété de la famille Pector?
— Depuis que M. A. Pector, grâce à son mérite, et
par la toute-puissance de M. le préfet, a été élevé à
la dignité éminente qu'il occupe et qui fait son légitime orgueil. — Mais de quel droit?... — De quel
droit? c'est justement là que je vous attendais. Ignorez-vous donc que le mérite principal, le seul mérite du sieur Pector, consiste à gagner des procès sans
droit, sans aucun droit, sans l'ombre du plus petit
droit? Ignorez-vous son art d'embarbouiller les
choses les plus simples, son activité dévorante qui
lui permet de visiter chaque jour et sans fatigue
(pour lui) trois huissiers, trois avoués, trois avocats, trois juges, sept conseillers, les substituts, le
procureur du roi, les avocats généraux et tous les
greffiers de première instance et d'appel? De quel
droit? imprudent que vous êtes! Vous ne voyez donc
pas que la couleur noisette appartient au sieur Pector au même titre que l'entreprise des pompes funèbres? De quel droit? vous le demandez encore!
du droit qu'il a d'empêcher MM. Vafflard et Rémond
d'avoir des enseignes, d'empêcher M. Gannal d'em-
baumer, d'empêcher M. Langlé de demeurer dans
Paris. Il a tous ces droits-là, n'en doutez pas; il
aura l'appui de M. le préfet (en la personne du
cousin de la compagnie générale de sépulture auquel
il fait une peur horrible); il gagnera son procès,
quoi qu'on fasse; et il vous demandera 30,000 francs

de dommages-intérêts, plus les frais, rien que cela.

Vous l'avouerai-je, monsieur? Comme j'ai l'expérience des affaires administratives et judiciaires, plus ce que disait mon homme me paraissait impossible, absurde même, plus cela me paraissait probable. J'ai donc commencé par supprimer le corps du délit en congédiant le domestique et sa livrée noisette, car moins on tient de place, mieux on est à couvert, dit le sage ; une feuille suffit au nid de l'oiseau-mouche. Puis, je suis allé prendre connaissance de la fameuse assignation, et j'ai vu avec plaisir qu'il n'y était nullement question de moi, bien qu'il y fût question en effet de tout le monde, de toutes choses, *et quibusdam aliis.*

Mais quel rude jouteur, monsieur, que LE DIRECTEUR TEMPORAIRE ET RÉVOCABLE DE LA SOCIÉTÉ EN NOM COLLECTIF SUBSTITUÉE PAR LUI A CELLE EN COMMANDITE FONDÉE PAR L'ENTREPRENEUR DES POMPES FUNÈBRES ! César dictait à sept personnes en styles différents. Ce monsieur assigne trente personnes par un seul exploit et pour une multitude de délits qui hurlent de se trouver ensemble. Que deviendra le tribunal quand on lui développera avec tout le prestige de l'éloquence les raisons politiques et administratives qui font que M. Pector, mandataire de ses trois compères Boch, Lechartier et Mallet, exerce, avec l'approbation de M. le préfet, un droit qui n'appartient ni à lui ni à ses com-

pères? Qu'il fera beau entendre le ministère public
conclure, en l'absence de toute loi, au fond de cette
bouteille à l'encre rendue plus trouble que jamais
par les travaux du cousin de la compagnie générale
de sépultures! Avec quel intérêt le public, qui n'aura
pas pu assister à la séance, ne cherchera-t-il pas,
dans les journaux du lendemain, le compte rendu des
débats!

« L'accusé Vafflard est introduit le premier : on
« cherche en vain sur son visage ces traits durs et
« prononcés qui dénotent ordinairement les grands
« criminels. L'accusé Gannal vient le second : à son
« entrée, une suave odeur de parfums se répand
« dans la salle ; M. le président lui-même n'y résiste
« pas et éternue ; le greffier se mouche.

« L'huissier appelle le plaignant : un vif intérêt se
« manifeste dans l'auditoire. Le plaignant s'avance
« appuyé sur son inséparable Lechartier ; il paraît
« un peu pâle. Les soucis, suite ordinaire des posi-
« tions élevées, l'anxiété peut-être où le tiennent
« les hautes questions qui vont s'agiter lui donnent
« un air de souffrance qui intéresse les dames. Il
« répond d'une voix émue aux questions ordinaires ;
« cependant, à cette demande de M. le président :
« — Votre profession? son trouble augmente. —
« Je suis, dit-il.... je devrais être.... je voudrais....
« M. le préfet m'a dit que.... M. le ministre m'a
« écrit une lettre qui.... M. Hu.... — Les accusés,

« en chœur : Il n'est rien. — M. le président, avec
« surprise : Comment, il n'est rien ? — M. Lechar-
« tier, vivement : Si, monsieur le président, il est
« mon mandataire et celui de mes collègues Boch et
« Mallet. — M. le président de plus en plus surpris :
« Qu'est-ce que tout ce galimatias, et quelle est la
« personne qui se permet ainsi de prendre la parole ?
« Municipal, conduisez ce monsieur dans le corri-
« dor. M. Lechartier, entraîné par le garde, sort à
« reculons en faisant des gestes de désespoir. »

Ah! monsieur, que ne donnerais-je pas pour être
à l'audience? et n'étaient les 30,000 fr. de dommages-intérêts, je regrette presque la livrée noisette ;
car je m'attends à ne pas pouvoir percer la foule.
Ne pourriez-vous pas, en qualité d'accusé principal,
m'avoir un billet? Ne pourriez-vous pas faire croire
à M. le président que je suis un peu votre parent,
que votre compagnie générale a deux cousins au lieu
d'un? Quel honneur pour moi, monsieur, si je me
trouvais à côté du véritable!.... et de cette réunion
que ne peut-il pas résulter en faveur de votre régie?

J'ai l'honneur, etc.

IMPRIMERIE DE Mme Ve BOUCHARD-HUZARD, RUE DE L'ÉPERON, 7.

CINQUIÈME ÉPITRE

À M. VAFFLARD,

DIRECTEUR DE LA COMPAGNIE GÉNÉRALE

DE SÉPULTURES.

Monsieur,

Un ami que j'ai rencontré hier sur le boulevard m'a demandé de vos nouvelles en ces termes : — Où en est donc la régie de M. Vafflard? pourquoi n'en parle-t-on plus? — Comment se porte M. Balard de la Clausure? reste-t-il toujours incompris? — Privé moi-même de renseignements positifs, j'ai abrité mon ignorance derrière les vacances, la chasse, les vendanges, les débuts de la Cerrito, n'osant pas avouer en plein bitume que, depuis trois grands mois, j'avais totalement oublié la seule question nationale à l'ordre du jour, l'exaltation future de M. Vafflard à la dignité de régisseur des pompes funèbres, sous le patronage du cousin de la compagnie générale de sépultures. Ce serait un beau titre, je l'avoue, et gai ; aussi, dans la crainte que vous n'ayez pas suffisamment apprécié les quatre premières, je vous adresse une cinquième lettre.

Je vous ai laissé, je crois, au procès monstre inventé par le sieur Pector, directeur de la société en nom collectif qu'il a substituée à celle en commandite créée par l'entrepreneur des pompes funèbres, procès monstre à l'état d'œuf, soit dit entre nous, puisqu'il ne consiste encore que dans l'assignation lancée avant les vacances ; mais l'œuf a été couvé pendant trois bons mois : c'est une incubation en dehors de toutes les lois de la nature ; et croyez-moi, monsieur, il est gros de tempêtes.

Pour arriver au poste éminent qui faisait son ambition et l'espoir de sa famille, M. Pector a pris bien des engagements secrets envers ses trois associés Boch, Lechartier et Mallet ; il a fait bien des promesses aventurées : je dirai même (car l'expression est parlementaire) qu'il a accepté un mandat impératif ; ô imprudence humaine !..... Les recettes devaient augmenter considérablement ; les dépenses devaient diminuer dans une proportion notable ; les employés, trop heureux d'approcher un grand homme, devaient faire remise volontaire d'une moitié de leur traitement ; une considération éblouissante devait rejaillir, de la livrée allouée au sieur Pector, sur la servante de M. Lechartier (si jamais il se déterminait à en prendre une). A tant de si doux tableaux, M. Lechartier, comme le loup de la fable, se forgeait d'avance une félicité qui le faisait pleurer de tendresse. Est-il besoin de vous dire que rien de tout cela ne s'est réalisé ; que les recettes diminuent, que les dépenses augmentent, que les employés se plaignent, et que la considération s'en va? Vous vous rappelez le singe montrant aux animaux la lanterne magique :

> Moi, disait le dindon, je vois bien quelque chose ;
> Mais je ne sais pour quelle cause
> Je ne distingue presque rien.

A ce jour, M. Lechartier est profondément humilié de se trouver dans une situation semblable ; il talonne, il harcèle continuellement M. Pector, qui n'a oublié qu'un point, celui d'allumer la lanterne, et qui, pour occuper ce surveillant importun, lui jette en pâture l'utilité d'un procès avec M. Gannal, le profit d'une querelle avec M. Vafflard, la gloire d'une instance avec M. Rémond. Le malheureux! il danse sur un volcan....., et il dansera, monsieur, on peut le lui prédire.

En effet, les gens qu'on pince se réveillent : M. Gannal, dans une cinquantième lettre à l'Académie, tirée à cent mille exemplaires (c'est ainsi qu'il procède), insinue très-délicatement que M. Pector, étant le beau-frère du pharmacien Roques, rue Saint-Antoine, pourrait bien, en même temps, être cousin, par alliance, de la méthode d'embaumement Sucquet, comme M. un tel est cousin de votre compagnie générale ; et il donne à entendre que l'article 55 du cahier des charges ne permet guère à l'entrepreneur d'être le cousin d'une méthode d'embaumement. M. Gannal aurait raison, je crois, si M. Pector était l'entrepreneur, mais il ne l'est pas. — M. Rémond, lui, ne fait pas d'exordes par insinuation, et il dit tout crûment à M. Pector :

Vous n'êtes pas l'entrepreneur, vous ne pouvez pas l'être ; si vous l'étiez, vous seriez destituable, car vous exploitez un bureau tout semblable au mien. On vous ôtera votre faux titre et vos plumes d'emprunt, et vous serez sifflé suivant vos mérites. — Vous, monsieur, vous ne dites rien ; mais vous n'en pensez pas moins, et, sans les scrupules de conscience du cousin qu'il vous faut ménager, que n'eussiez-vous pas dit ? Votre silence est prudent, je le conçois, je l'approuve : tel chef de bureau ne doit son importance qu'au sommeil de ses supérieurs et ne serait plus qu'un drôle vulgaire s'ils venaient à s'éveiller.

Cette dernière considération m'a toujours fait regarder comme fort difficile l'établissement de votre régie par voie directe, et je vous ai conseillé les moyens détournés. Cependant il est temps d'aborder sérieusement la question, abstraction faite de votre personne. Les fabriques, les consistoires, l'autorité municipale, les agents de service, les compères ou associés mêmes du sieur Pector ont eu le temps, depuis neuf mois, d'apprécier le caractère et les mérites de ce haut administrateur ; et, je me hâte de le dire, il n'y a qu'une voix sur son compte. Les merveilles qu'il a accomplies dans le passé donnent, pour l'avenir, des espérances telles, que tous les esprits sont préparés à une seconde révolution.

Je me suppose donc, un moment, au lieu et place de M. votre cousin, ayant, comme lui, le désir de sortir au plus vite de l'ignoble gâchis où je me serais fourré ; je ferais comparaître en un coin MM. Boch, Pector, Lechartier et Mallet, et je leur tiendrais à peu près ce langage :

« Messieurs, lorsque, sans vous connaître assez, j'ai
« consenti à sortir de mes devoirs pour vous débarrasser
« d'un homme fort ordinaire sans doute, mais qui avait
« trop d'esprit pour vous et pour moi, je l'ai fait sur l'as-
« surance que vous m'avez donnée solidairement, qu'il
« disparaîtrait de la scène du monde à l'amiable, sans
« scandale et sans bruit ; en un mot, sans compromettre
« mon caractère ni ma position. Les circonstances sem-
« blaient favoriser notre entreprise, nous paraissions avoir
« pour nous le vent et les étoiles, et je n'ai pas craint de
« m'avancer au delà même de ce que commandaient la
« prudence et le bon sens. J'ai payé largement ma dette
« à notre société, sans hésitation, sans pitié, si ce n'est
« pas sans remords ; j'ai accablé votre homme, je l'ai
« abattu, je vous l'ai livré à terre et garrotté.....; comment
« se fait-il qu'il vive encore ? »

-(Ici, en croisant les bras, je promènerais un long regard
sur mes complices frappés de stupeur.)

« Nierez-vous ses cris et ses plaintes qui viennent trou-
« bler mon sommeil ? nierez-vous ses protestations, ses
« réclamations incessantes qui accusent votre avarice ou
« votre pusillanimité ? Associés sans énergie et sans ver-
« gogne, cœurs de poules ou d'Harpagon, apprenez de
« moi, puisqu'il faut qu'on vous le dise, que, à défaut de
« courage pour achever le crime commencé, il faut avoir
« assez de prudence pour acheter le silence de sa victime. »

(Ici j'entrerais dans les détails circonstanciés et arith-
métiques d'une transaction telle qu'on peut la concevoir ;
la pensée d'ouvrir leur bourse jetterait ces messieurs dans

un désordre inexprimable ; puis je poursuivrais sur un ton
plus élevé :)

« Mais je lis sur vos visages décomposés que vous êtes
« encore plus intéressés que couards ; l'idée de payer vous
« stupéfie : vous Boch, vous en êtes tout pâle ; vous, Pec-
« tor, tout jaune ; vous, Lechartier, tout rouge ; et vous,
« Mallet, de toutes les couleurs. Supposez-vous donc,
« mirmidons conspirateurs, que c'est pour vous que j'ai
« travaillé ? supposez-vous donc qu'un homme posé comme
« moi, qu'un homme en qui se résume l'autorité muni-
« cipale, a mis son nom, son crédit, sa place à la dis-
« crétion d'un marchand de bois, d'un menuisier, d'un
« tapissier et d'un agent d'affaires, pour faire triompher
« leurs petites passions ? Détrompez-vous, pauvres agneaux ;
« une inspiration plus élevée nous pousse. Depuis long-
« temps, le besoin était généralement senti de mettre la
« main sur le dernier revenu des paroisses. Des considé-
« rations au-dessus de votre portée nous ont fait mettre
« à profit votre propre imprudence, et vous avez travaillé
« vous-mêmes en faveur de nos projets, sans vous en
« douter.

« Vous, Pector, on vous dit vrai, vous n'êtes rien ; vo-
« tre existence précaire repose sur un arrêté illégal à des-
« sein, rapportable avec intention, révocable par essence,
« en dehors de tous usages et de toutes formes.

« Vous tous, messieurs, n'avez pu acquérir les droits
« de l'entrepreneur véritable sans notre consentement,
« que nous n'avons pas donné, ni surtout sans le sien,
« qu'il n'a pas donné non plus. S'il est destituable, cela

« nous regarde : votre prétendue société ne peut être
« constituée ni civilement, ni commercialement, ni ad-
« ministrativement sans lui ; vos actes et vos délibérations
« sont tous devant nos yeux comme s'ils n'étaient pas.
« Tournez donc, à l'avenir, vos regards repentants vers
« vos planches, vos rabots, vos comptoirs et vos petits ca-
« binets d'affaires, trop heureux d'avoir retiré votre cou
« d'entre nos dents. Quant à moi, j'ai servi à la fois l'ad-
« ministration et la morale : l'administration, en vous
« faisant accomplir vous-mêmes le projet qu'elle médi-
« tait ; la morale, en ce qu'il ne sera pas dit que l'on puisse
« hériter de ceux qu'on assassine. J'ai droit à l'estime, à
« la reconnaissance de mes chefs ; je demande de l'avan-
« cement. »

Je m'arrête là, monsieur ; vous verrez facilement que,
du point où nous sommes arrivés à la régie, il n'y a qu'un
pas. Seulement, sera-ce votre régie ? Nous examinerons
cela un autre jour.

J'ajouterai cependant que les paroisses et consistoires
n'auraient, sans doute, pas lieu de rire de la mesure, mais
que le public rirait de bon cœur aux dépens de MM. Boch,
Lechartier, Pector et Mallet.

> Quand le malheur ne serait bon
> Qu'à mettre un sot à la raison,
> Toujours serait-ce à juste cause
> Qu'on le dit bon à quelque chose.

Agréez, monsieur, etc.

IMPRIMERIE DE Mᵐᵉ Vᵉ BOUCHARD-HUZARD, RUE DE L'ÉPERON, 7.

SIXIÈME ÉPITRE

A M. VAFFLARD,

DIRECTEUR DE LA COMPAGNIE GÉNÉRALE
DE SÉPULTURES.

———

Service général des inhumations et pompes funèbres de la ville de Paris.

Pompes funèbres générales de France et de Na-
varre.

Pompes funèbres spéciales des environs de Paris.

Compagnie générale de sépultures.

Bureau spécial de funérailles.

Bureau central d'inhumations.

Cercueils au rabais, procédé Barbier.

Embaumements mirobolants, procédé Gannal.

Conservation indéfinie, procédé Sucquet.

Voyez, demandez, faites-vous servir, messieurs et
dames! et en avant la musique!.....

C'est une idée bien ingénieuse qui vous est venue,
monsieur, de créer, à l'occasion du nouvel an, vos
pompes funèbres spéciales des environs de Paris; le
besoin s'en faisait généralement sentir, et vous avez

comblé une véritable lacune. Permettez-moi de vous féliciter et de vous serrer affectueusement la main.

Votre nouvelle création est d'autant plus opportune, qu'elle met fin à une multitude de propos plus indécents les uns que les autres, qui commençaient à m'inquiéter sérieusement sur l'AVENIR DE VOTRE RÉGIE. C'est au café Cardinal que se débitent toutes ces nouvelles; c'est là que s'élaborent, chaque soir, tous les contes, tous les ragots les plus absurdes, et toujours relativement aux pompes funèbres, et réellement, il y a là trois ou quatre croque-morts gobemouches que je mettrais à la porte, dans l'intérêt de l'établissement, si j'avais l'honneur d'en être le maître.

Voici donc les bruits qui couraient au café Cardinal il y a quelques semaines.

La ténacité du sieur Pector que personne n'avait pris au sérieux dans l'origine, ni lui-même, ni ses associés, ni vous, ni le cousin de votre compagnie générale, devenait horriblement embarrassante pour tout le monde, et notamment pour le cousin qui tremble dans son bureau.

Le sang-froid, l'immobilité de l'entrepreneur adjudicataire et propriétaire du service, qui ne demande grâce à personne, étaient une autre cause sérieuse d'embarras pour tous, et toujours notamment pour ledit cousin, qui est jaune de remords.

Les promesses qui vous avaient été faites à vous,

M. Vafflard, pour entrainer le susdit cousin dans la guerre sainte, promesses que la ténacité imprévue du sieur Pector empêche de réaliser, étaient une troisième cause d'embarras graves ; car, si le cousin avait peur, s'il avait des remords, il voulait au moins, disait-on, ne pas perdre le fruit de ses travaux.

Voici donc, pour sortir de ce triple embarras, ce qui avait été imaginé (par les nouvellistes du café Cardinal). M. Boch, un des compères du sieur Pector et le diplomate de la troupe, s'était abouché avec M..... (je n'ai pas le droit de nommer ce dernier monsieur, qui n'est pas partie aux débats, et dont le nom, du reste, a acquis quelque célébrité dans les affaires maritimes d'eau douce..... louches) ; *ambo pares ætatibus, Arcades ambo* (1), s'étaient entendus à merveille ; et, pour laisser au sieur Pector l'os qu'il ronge, et vous donner à vous, monsieur, un autre os à ronger, on était convenu de créer une entreprise nominale, idéale, supposée, de pompes funèbres spéciales pour les environs de Paris, dont vous seriez le chef aux appointements de....., et dont le service serait fait avec le matériel de l'entreprise de Paris, sous le bon plaisir de M. votre cousin et avec l'autorisation spéciale de M. le préfet (art. 56 du cahier des charges).

(1) L'Arcadie était une province de la Grèce.
(*Note de l'éditeur.*)

Toujours au dire de ces nouvellistes, la chose n'était pas mal trouvée, on rémunérait en votre personne (si l'affaire prenait) votre cousin d'abord et vous ensuite; et, certes, c'eût été argent bien gagné, car vous avez eu l'un et l'autre assez de mal, on peut le dire : de plus, la situation du cousin ne lui permettant pas d'accepter des honoraires apparents, il était adroit et de bon goût de le payer en votre personne, c'était un fidéicommis qui plaisait à tous. Enfin le sieur Pector, qui n'est toujours que *gros Jean comme devant*, et qu'on aurait soin de maintenir dans cette position exceptionnelle, pour le rendre sage et discret, aurait été trop heureux de prolonger son existence et ses petits appointements au prix de cet arrangement borgne.

A cela, il y avait plusieurs objections : quelle combinaison politique n'en est pas susceptible? Les esprits forts de l'endroit disaient tout bas et tout haut une multitude de choses sur la singulière association dont un capitaliste immensément riche, singulièrement fin et foncièrement honnête, comme M. Boch, consentait à devenir l'âme; sur le rôle niais qu'on prétendait faire jouer à un homme de la force du sieur Pector; sur la léthargie profonde où il fallait supposer plongées les autorités, pour qu'elles ne finissent pas par ouvrir les yeux sur les actes du cousin; sur toutes choses enfin, car les nouvellistes ne savent rien respecter.

Vous avez d'un seul coup, monsieur, mis fin à cette intempérie des langues, et les *Petites affiches* du 11 décembre, en proclamant les noms de MM. Vafflard et Panis *collectivement*, ont mis en poudre cet échafaudage de calomnies et établi, aux yeux de tous, l'indépendance complète de l'entreprise que vous venez de créer.

En effet, il n'est guère possible d'entrer en matière plus carrément : 100,000 fr. de capital, c'est respectable ! 15,000 *dès à présent* fournis par M. Panis; 25,000 par un commanditaire dont le nom reste un secret. Quant à vous personnellement, monsieur, vous avez l'air de n'apporter rien; mais ce n'est peut-être pas une adresse médiocre, dans un sujet éminemment funèbre, de rappeler au lecteur indirectement un convoi resté fameux dans la mémoire du peuple :

> L'un porte son grand sabre,
> L'autre ne porte rien.

Par une attention bien délicate, 40,000 francs *sont réservés pour être fournis par les personnes qui ont promis leur adhésion à la société.* J'aime à la folie cette réserve d'un nouveau genre; et vraiment, que seraient devenues ces personnes, si vous eussiez oublié de stipuler en leur faveur? La foule des souscripteurs leur eût coupé l'herbe sous le pied; et la réserve que vous avez faite, si à propos, à leur profit, est une preuve certaine de votre bon cœur.

Les 20,000 francs de surplus ne seront émis, disent encore les *Petites affiches*, DANS LES CONDITIONS CI-DESSUS, que lorsque les gérants le jugeront à propos. J'ai entendu plusieurs personnes demander ce que vous vouliez dire par ces mots : *dans les conditions ci-dessus*. Un monsieur, fort entendu aux affaires, leur a répondu que cela signifiait simplement que ces 20,000 francs seraient, comme les 40,000 autres, spécialement *réservés* aux personnes qui voudraient bien les souscrire, mais que celles qui n'en voudraient pas ne seraient pas forcées d'en prendre. — C'est là une vérité qui n'a pas besoin de démonstration, et feu M. de la Palisse eût trouvé la réponse.

Vous fixez à 5,000 francs le minimum de chaque souscription : c'est une mesure sage, les assemblées trop nombreuses sont difficiles à gouverner; il faut éloigner autant que possible les capitalistes à vues courtes.

Je récapitule et je dis :

M. Panis.	15,000 fr.
Le commanditaire. . . .	25,000
Vous, monsieur.	00,000
TOTAL.	40,000 fr.

Vous pouvez faire votre première assemblée dans la salle Lemardelay.

Paraissez, Navarrois, Maures et Castillans,

Et venez me soutenir que M. Boch, M***, MM. Pector, Lechartier et Mallet soient volontairement ou *involontairement* pour quelque chose dans cette association formidable ; venez me dire qu'une telle entreprise ne pourrait marcher sans la complicité DU COUSIN de la compagnie générale ; je vous répondrai (*avec l'Office de publicité*) que les fabriques des nombreuses paroisses de la banlieue tireront un avantage réel de la nouvelle entreprise, *puisque, aux termes des décrets du 23 prairial an XII et du 18 mai 1804, elles auront à prélever, pour l'entretien de leurs temples, une prime sur les produits bruts versés à l'administration des sépultures, qui desservira les localités où le culte catholique a ses maisons de prières et ses écoles de charité.*

Trois mots seulement, monsieur : *Houf!* et *fiat lux!*.....

Je reprends haleine et j'ajoute (*toujours avec l'Office de publicité*) que l'association RESSERRÉE (*très-resserrée, c'est le mot*) *entre plusieurs* (1) *capitalistes* est créée sous la direction de M. Vafflard, qui

(1) Plusieurs signifie au moins trois (Dict. de l'Ac.). M. Panis, le commanditaire, et.....

(Note de l'éditeur.)

est l'INTELLIGENT MANDATAIRE de ses associés *et qui ne cherche pas d'actionnaires.*

ET BAOUM ET PSING ET RANTAMPLAN !..... TOU-JOURS LA MUSIQUE.

Veuillez, monsieur, être mon interprète auprès des personnes charitables qui vous ont promis..... leur adhésion, et permettez-moi d'y joindre ma bénédiction pour la prospérité de votre entreprise.

IMPRIMERIE DE MADAME VEUVE BOUCHARD-HUZARD, RUE DE L'ÉPERON, 7.

SERVICE DES INHUMATIONS.

POMPES FUNÈBRES.

Extrait des divers journaux de Paris.

Réforme administrative du 14 juin 1849.

Au moment où nous écrivons, une terreur inexprimable est répandue dans Paris ; le chiffre journalier des décès nous reporte aux jours néfastes de 1832. L'imprévoyance, l'incurie de l'administration, en affligeant les regards du plus déplorable spectacle, ont contribué, autant que le fléau lui-même, à frapper les esprits et à augmenter les chances de mortalité.—Ici, des cadavres restent trop longtemps sans être inhumés, malgré les supplications et les cris des habi · tants du voisinage que l'infection menace ; là, des convois réglés et peut-être payés d'avance éprouvent un retard de plusieurs heures, et le peuple amassé devant la porte s'entretient de l'affreuse maladie, des causes probables du retard ; les imaginations terrifiées se livrent aux exagérations les plus affligeantes, aux commentaires les plus décourageants. Plus loin, les familles indignées s'opposent violemment à laisser jeter le corps de leurs parents dans les ignobles véhicules improvisés pour la circonstance, et veulent les porter à bras, malgré la chaleur et la distance, tant est grande l'horreur qu'inspirent ces affreux *omnibus* de la mort.

Plus que tout autre, nous sommes convaincu des intentions honnêtes et pures de M. le préfet de la Seine ; mais il a été ou bien mal servi, ou indignement trompé. Nous ne voulons pour preuve de notre assertion que la tardive instruction circulaire à **MM**. les maires, et qui atteste à la fois une lenteur et une précipitation inqualifiables. Loin de nous la pensée d'en rendre le préfet responsable ; mais nous devons dire à ses bureaux qui l'ont rédigée que, quand on ignore la puissance de force des hommes et des chevaux, quand on ne sait se rendre compte ni des délais ni des distances, on ne se charge pas de réglementer un service aussi grave dans des circonstances aussi terribles.

Depuis plus de trois mois, l'existence du fléau s'était révélée menaçante ; depuis trois mois, les relevés journaliers signalaient à **MM**. les maires une croissance effrayante de la mortalité ; depuis trois mois, des demandes d'organisation et d'instructions ont afflué de tous les arrondissements à la préfecture ; des démarches personnelles ont été faites par **MM**. les maires ; mais, nouveaux pour la plupart dans les fonctions municipales, ils ont cru devoir s'adresser aux bureaux, et ils déplorent aujourd'hui cette confiance. Nous l'avons dit précédemment, et nous le répétons avec douleur, en matière municipale, tout ce qui se fait de mal vient des bureaux de la préfecture. C'est là que vont s'enterrer trop souvent les propositions les plus généreuses, les demandes les mieux fondées, les pensées les plus fécondes et les plus lumineuses. Certains chefs, on est embarrassé de dire pour-

quoi, semblent être autant de douaniers vigilants qui empê-
chent la vérité et la lumière de pénétrer jusqu'au préfet, *per
fas et nefas*.

Eh quoi! la ville de Paris a le budget d'un royaume; son
administration intérieure et extérieure est presque aussi
nombreuse que tous nos ministères réunis; elle dispose de
toutes les ressources imaginables; elle est sur ses gardes,
avertie depuis trois mois au moins, et on attend que la mortalité ait atteint un chiffre effroyable pour aviser à des
moyens extraordinaires de salubrité et d'enlèvement des
corps! Et quels moyens, grand Dieu! On nomme trois malheureux ordonnateurs impuissants, on exhausse le plancher
des chars avec quelques douves de tonneau pour y pouvoir
placer plusieurs corps ensemble (*ce qui s'apelle, en termes
de roulage, charger en débord*); on ajoute à cela quelques
chariots de déménagement, et on couronne l'œuvre par une
instruction incompréhensible et inexécutable.

Pourquoi cette parcimonie remarquable en présence des
malheurs qui frappent et qui menacent? Vous aviez sous la
main l'entreprise des pompes funèbres et les articles 5, 11 et
24 de son cahier des charges.—Est-ce l'intérêt public que
vous avez cru ménager? Non; car vos ménagements ont
amené les odieux résultats dont gémit ce public. Est-ce
l'intérêt des fabriques et consistoires?—Non. Vous avez
prouvé bien des fois, depuis quinze mois, que vous n'y son-
gez guère. A Dieu ne plaise que nous vous supposions oc-
cupés d'un autre intérêt! Concluons donc que votre incurie
ou votre incapacité ont sinon compromis, du moins engagé

gravement la responsabilité du préfet, qui, mieux informé, vous demandera peut-être un compte sévère.

F.-G.-A. LEMAISTRE.

9 juin 1849.

Depuis que nous avons écrit les lignes précédentes, une note communiquée, et qui émane évidemment de la préfecture, a été insérée dans tous les journaux. Cette note porte en substance que la commission municipale, réunie extraordinairement le 10 au soir, a voté une allocation de 150,000 fr. à la préfecture de la Seine, et formulé un blâme sévère *contre l'administration des pompes funèbres.*

Qu'est-ce que *l'admistration des pompes funèbres?* La commission municipale elle-même serait sans doute fort embarrassée de le dire.

Il n'y a pas d'*administration des pompes funèbres.* Une lettre du préfet de la Seine de janvier 1843 (nous pouvons la produire) enjoint à *l'entreprise des pompes funèbres* de s'abstenir du titre ambitieux d'*administration,* attendu, dit le préfet, que, en matière de pompes funèbres, il n'y a d'autre administration que *l'administration municipale qui commande et fait exécuter, et une entreprise qui obéit et exécute.*—N'est-il pas clair que le blâme prononcé par la commission retombe, dans sa pensée, de tout son poids sur les bureaux de la préfecture qui commandent, et que ce blâme appliqué à l'entreprise qui exécute, et sur laquelle la commission n'a pas d'action directe, serait un non sens? N'est-il pas clair que la note amphigourique répétée par les journaux n'est qu'une preuve de plus de cette adresse, de cette subtilité particulière à la bureaucratie et à l'aide desquelles elle embrouille les choses suivant son intérêt particulier.

Quant aux 150,000 fr., nous ne voyons pas trop ce qu'on en fera, à moins qu'on ne les emploie en messes pour les malheureux enterrés si sommairement depuis dix jours.

Nous répétons donc plus haut que jamais que le préfet a été bien trompé ou bien mal servi, et que nous comptons sur la loyauté et l'énergie bien connues de son caractère. Dans tous les cas, nous aurons à faire un appel à son impartiale sollicitude.

Réforme administrative, jeudi 28 juin 1849.

Les réclamations et les plaintes nombreuses qui nous ont été adressées nous obligent à suspendre la suite de nos articles, pour nous occuper exclusivement des faits scandaleux, des manquements de service qui nous ont été signalés. Quelques obstacles que, dans certaines régions, on oppose à notre publicité, nous avons d'assez bonnes raisons pour croire que nous finirons par être entendu, et que l'incapacité, ou toutes autres causes des scandales qui ont affligé la cité, verront se lever le jour de la justice qu'elles ont provoquée.

Que les familles se rassurent donc, elles obtiendront, nous l'espérons, satisfaction complète à leurs nombreux et déplorables griefs ; que MM. les maires aient confiance, justice sera rendue à leur zèle, à leur dévouement, qui seuls ont maintenu un peu d'ordre dans ces funestes circonstances ; que le clergé fasse valoir ses droits avec une sage fermeté, et la spéculation, si elle existe, ne saurait les atteindre.

L'art. 56 du cahier des charges des pompes funèbres porte : *Il est interdit à l'adjudicataire d'employer aucune partie du mobilier de l'entreprise à l'exploitation du service des inhumations d'une autre commune que celle de Paris. Néanmoins, il pourra en faire usage pour un service accidentel hors de cette ville, avec l'autorisation du préfet.*

Le 12 juin courant, au plus fort de l'épidémie, le service a manqué dans plusieurs arrondissements, nous pouvons citer les 7e, 8e et 12e.

Le même jour, 12 juin courant, l'entreprise de Paris a exécuté dans la commune de Passy, neuf inhumations, et dans celle de La Chapelle-Saint-Denis, onze inhumations.

Le 23 juin courant, dans le septième arrondissement, une des paroisses les plus chargées de Paris n'avait qu'un seul convoi, tant le fleau a diminué d'intensité. Ce convoi, fixé à sept heures du soir, est arrivé à l'église à plus de neuf heures, et l'ecclésiastique chargé de la conduite au cimetière n'a été de retour qu'à onze heures, chose qu'on ne voudra pas croire ; le duplicata de ce convoi unique, qui était une septième classe, n'a pas été fourni à la paroisse par l'entreprise, *tant est grande sa surcharge de travaux.*

Le même jour, 23 juin, l'entreprise de Paris a exécuté a

Passy un convoi, et à La Chapelle-Saint-Denis, trois convois.

Nous mettons l'entreprise de Paris au défi de produire l'ombre d'un matériel spécial créé par elle pour les communes de Passy et La Chapelle-Saint-Denis ; il faut donc conclure que, dans ces deux journées du 12 et du 23 juin, où nous sommes en mesure de prouver le manquement de service à Paris, M. le préfet avait autorisé l'emploi du matériel ailleurs, du matériel qui, au fond, est la propriété des paroisses de Paris.

Nous avons choisi ces deux journées entre bien d'autres, exprès pour établir que les retards et la suppression des duplicatas tiennent à toute autre cause que le nombre des décès, puisqu'au 23, comme au 12, les mêmes faits se reproduisent.

Cette suppression des duplicata (autorisée ou non) est désormais un fait accompli, et va donner lieu à la plus singulière liquidation du monde. Aucun des services exécutés depuis le 8 ou 9 juin n'a pu être contrôlé faute de cette fourniture de duplicata ; bien des familles qui, au milieu de la confusion n'ont pas pu avoir les objets qu'elles avaient commandés, ont fait de justes réductions sur les mémoires, en sorte que, malgré les stipulations si précises et si formelles des art. 34, 35, 39, 40, 41, 42, 43, 44 du cahier des charges, les fabriques et consistoires n'ont plus d'autre parti à prendre que de s'en rapporter à la loyauté connue de l'entreprise. A moins qu'on exécute rigoureusement l'art. 43, mais nous n'y croirons jamais.

En attendant que la lumière se fasse dans ce chaos, nous

préparons silencieusement à nos lecteurs une surprise véritable, c'est un tableau comparatif des franchises, immunités et priviléges dont jouit l'entreprise des pompes funèbres depuis le mois de février 1847, et des justes sévérités dont elle avait été l'objet antérieurement, alors qu'un entrepreneur maladroit, adjudicataire du bail, n'avait su se concilier ni l'estime ni la confiance des bureaux de la préfecture. Nous joindrons à ce travail un autre tableau comparatif des produits annuels pour les fabriques et consistoires, depuis le 15 février 1843 jusqu'à ce jour. Ces deux tableaux réunis forment l'exposé d'un système tout entier. Il doit en jaillir bien des lumières.

F.-G.-A. Lemaître.

Réforme administrative du 5 juillet 1849.

Un convive satisfait du festin des inhumations et pompes funèbres disait il y a peu de jours, à quelques amis, qu'il se préoccupait peu de nos publications, *attendu que le préfet qui lisait nos articles en riait à gorge déployée.*

Ce langage cynique mérite une réponse ; la voici.

Vous calomniez le préfet de la Seine, monsieur. Non, le préfet ne rit pas quand on lui signale en termes respectueux les vices de l'administration qu'il dirige ; le préfet ne rit pas quand cent familles en larmes viennent lui porter leurs plaintes malheureusement trop fondées ; le préfet ne rit pas quand les procès-verbaux des commissaires de police portent à sa connaissance des scandales publics déplorables.

Le préfet ne rit pas quand les maires sont unanimes dans leurs réclamations graves et désintéressées ; le préfet ne rit pas quand les curés des paroisses vont à tour de rôle lui porter leurs doléances si respectables et d'un si grand poids dans nos mœurs, où le respect pour les morts se confond avec le sentiment religieux. Le préfet ne rit pas quand nous lui démontrons que le cahier des charges est un mythe, l'ordonnance du 11 septembre 1842 une illusion. Non, le préfet n'a pas le droit de rire, en présence de cette déclaration si loyale d'un de ses prédécèsseurs : EN MATIÈRE DE POMPES FUNÈBRE IL N'Y A QU'UNÉ ADMINISTRATION, L'ADMINISTRATION MUNICIPALE QUI COMMANDE ET FAIT EXÉCUTER, ÉT UNE ENTREPRISE QUI OBÉIT ET EXÉCUTE.

Nous savons bien que toutes les plaintes ne parviennent pas jusqu'au préfet ; nous savons bien que l'adresse, la ruse, l'audace et la cupidité s'évertuent à lui cacher la moitié des faits ; mais notre persévérance et notre courage triompheront de tous les obstacles ; et plus sa conviction aura été lente à se former, plus, dans son équité, il portera un jugement sévère. Malheur donc à ceux qui lui font un calcul coupable ; malheur à ceux qui prêtent au préfet leurs sentiments et leur langage si bien d'accord ; nous le croyons plus que jamais, le jour de la justice arrivera.

Où en serions-nous, grand Dieu ! si un cahier de charges élaboré pendant trois ans, dans le travail le plus fastidieux et le plus pénible, par une commission mixte instituée par l'archevêché et la préfecture, révisé, modifié, élaboré de nouveau par le conseil municipal avec le plus grand soin, arrêté définitivement par le préfet et le ministre, revêtu enfin de la sanction royale, pouvait être ainsi confisqué et mis en poche par les spéculateurs ? Non, monsieur, l'administration française appelle des réformes, sans doute ; mais elle n'est point telle que vous la voudriez. Le préfet ne rit pas.

F.-G.-A. LEMAISTRE.

Réforme administrative du jeudi 12 juillet 1849.

L'eau qui tombe goutte à goutte à la même place finit par percer le rocher le plus dur. Nos articles, accueillis d'abord avec un dédain superbe, ont fait tout doucement leur petit chemin dans le monde ; on les lit en bas, on les lit en haut, et on commence à s'en inquiéter. Nous en avons eu la preuve. C'est pour nous un puissant motif d'encouragement. Patience ! encore un peu de temps ; ce qui peut rester d'obscur deviendra clair pour tout le monde, et justice sera faite.

Après la déclaration pleine de générosité faite par M. le préfet, en faveur de ses bureaux, dans la *Patrie* du 3 juillet, il semblerait à quelques esprits superficiels que tout est dit, et qu'il ne reste plus qu'à s'embrasser. Les esprits plus positifs trouvent, au contraire, que les difficultés se compliquent, et que, avant de déployer son pavillon d'une manière si chevaleresque, M. le préfet aurait dû peut-être examiner de plus près les marchandises assez singulières qu'on prétend abriter dessous.

En effet, lorsque M. le préfet n'hésite pas à déclarer qu'il assume la responsabilité de tout ce qui a été fait pendant la triste période du choléra, il est permis de se demander quel parti adopteront MM. les maires de certains arrondissements, plus particulièrement maltraités de toutes les manières, pour concilier à la fois les honorables scrupules de leur conscience, les égards dus à l'autorité et au caractère du préfet avec les devoirs sévères que leur imposent les articles 44 et 46 du cahier des charges des pompes funèbres. Auront-ils pu faire les vérifications prescrites par l'art. 44 ? Pourront-ils délivrer les certificats voulus par l'article 46 ? Qu'on y songe bien, l'allocation stipulée par l'article 45 en faveur de l'entreprise représente, pour certaines journées, SIX A SEPT MILLE FRANCS !

Nous ne parlons pas des devoirs imposés à l'inspecteur du service par les articles du cahier des charges 31, 32, 34, 38, 39, 40 et 44 ; loin de nous la pensée d'une épigramme. Mais nous sommes curieux de savoir comment M. l'inspecteur pourra sortir de l'impasse où il s'est laissé fourrer; car enfin, il est l'homme des fabriques et consistoires, et ses fonctions, exercées au profit et au point de vue de la préfecture seule, seraient simplement une absurdité.

Viennent ensuite MM. les trésoriers des fabriques et consistoires que la gratuité de leurs fonctions assimile, dans l'espèce, à MM. les maires, et à qui l'article 42 impose des devoirs sérieux, car ce n'est pas pour rien sans doute qu'il astreint l'entreprise, envers eux, à toutes les justifications prescrites envers les maires.

Puis, vient le trésorier de la cathédrale, gardien né du fonds commun, aux termes du décret du 18 août 1811 et de l'art. 38 du cahier des charges.

Puis, viennent enfin les parties prenantes, les fabriques et consistoires, qui, certes, ont bien le droit de vouloir être consultés quand il s'agit de leur pain quotidien, du plus clair, du plus considérable de leurs revenus.

Toutes ces parties intéressées à divers titres prendront-elles sur elles d'homologuer, en silence et sans difficulté, l'abolition d'une ordonnance royale par décision de M. le préfet? Est-on bien sûr qu'il ne s'élèvera pas une voix pour demander l'exécution pure et simple du cahier des charges, l'application de l'art. 43? car enfin pour qui et pourquoi a-t-il été fait, l'art. 43?

Que répondre à cette voix si elle venait à s'élever? Allèguerait-on l'urgence? Urgence! soit, pour les moments d'épidémie constatés et pour les faits matériels de non fourniture, quoiqu'il y ait beaucoup à dire; mais pour la suppression des duplicata, quelle urgence? Tout le monde sait que deux commis fort ordinaires pourraient faire en une journée tous les duplicata possibles. Urgence! mais il n'y avait plus d'urgence le 1er juillet, puisque, dès le 28 juin, M. le préfet supprimait les dix ordonnateurs de supplément dont, quinze jours avant, il décrétait l'existence éphémère. Eh bien! nous pouvons constater, nous, que les duplicata ont manqué le 1er juillet tout aussi bien qu'avant, malgré les ordres que M. le préfet dit avoir donnés dès le 13 juin.

En serait-il des ordres de M. Berger sur les duplicata comme de l'arrêté de M. Recurt sur l'arriéré de la remise? Quelle est donc la puissance occulte qui paralyse et nullifie les ordres et les arrêtés des préfets de la Seine?

Pénétré pour M. le préfet d'une estime, d'une considération et d'un respect qui remontent haut et loin, nous répétons encore, malgré sa déclaration trop généreuse, qu'il a été bien mal servi ou indignement trompé.

F. G. A. LEMAISTRE.

Réforme administrative du jeudi 19 juillet 1849.

Nous voudrions mettre à la fois sous les yeux de nos lecteurs une note communiquée par la préfecture de la Seine, insérée dans la *Patrie* du 4 juillet, et la réponse qu'a faite à cette note notre collaborateur M. Lemaistre, dans le numéro du 13 courant du même journal. La différence de ton et de langage qui caractérise ces deux pièces curieuses, à des points de vue différents, peut fournir à tout homme impartial le moyen d'apprécier les questions soulevées dans notre feuille à l'occasion des désordres administratifs de la période du choléra. M. Lemaistre, ainsi que le disent les bureaux de la préfecture, écrit-il dans un esprit de vengeance personnelle? Nous sommes fondés à ne pas le croire. Nous n'avons jamais vu dans ses articles que la bonne foi et la logique impitoyables des faits. Mais ce dont nous sommes convaincus, c'est que sa vengeance, s'il en exerce une, est cruellement complète.

Nous nous dispensons de reproduire la note remise à la *Patrie* par la préfecture. Nous dirons qu'elle porte pour conclusion que les faits avancés par Lemaistre sont de son invention. Il nous en eût trop coûté de rester sous l'im-

pression de cette imputation. Elle a été relevée énergique-
ment et d'une manière nette et précise par Lemaistre, dont
nous transcrivons ci-après la réponse. Si le style est l'homme,
le ton est la conscience :

A Monsieur le gérant du journal la *Patrie*.

« Monsieur,

» Nommé dans un article communiqué par la préfecture
de la Seine et inséré dans votre numéro du 4 courant, je
crois avoir le droit de répondre, et je vous demande la permission d'en user. — Je n'ai pas écrit dans plusieurs journaux, j'écris dans un seul, la *Réforme administrative*, dont
le titre annonce l'utilité incontestable et explique le peu de
sympathie qu'il inspire aux satisfaits de l'administration.—
Je n'écris pas par vengeance personnelle. Vengeance de
quoi? vengeance de qui? Ce langage, par insinuation, est
celui d'un employé qui a peur ; ce n'est pas celui du préfet.
— Il ne peut convenir à la préfecture de répondre à mes
questions. Je savais cela d'avance : aussi n'est-ce pas à elle
que je les adressais. Je les ai faites pour le public, qui juge,
et pour la magistrature, qui juge aussi, parce que je suis
profondément convaincu que l'un et l'autre ont quelque
chose à voir ici.

» J'ai dit que, dans un intérêt qui ne s'explique pas facilement, l'exécution du cahier des charges des pompes funèbres est suspendue depuis quinze mois au moins; que,
du 23 février 1848 au mois de mai suivant, les fabriques et
consistoires n'ont pas été payés de leur remise, sans que
cette suspension de paiement fût justifiée par un manque de

produits ; que cet arriéré formant plusieurs centaines de mille francs, et qui a réduit les paroisses à la misère, n'est pas encore soldé aujourd'hui, malgré un arrêt spécial du préfet Recurt, qui comprenait la question, arrêté dont on ne parle plus.

» J'ai dit que, depuis l'invasion du choléra, la faculté laissée imprudemment à l'entreprise de supprimer les régleurs des mairies et les duplicata des paroisses était la violation flagrant des art. 34, 35, 39, 40, 41, 42, 43 et 44 du cahier des charges, que la faculté laissée plus imprudemment encore à cette entreprise de fixer seule et sans contrôle les heures des convois payants, violait, à mes yeux, l'art. 77 du Code civil et l'art. 5 du cahier des charges.

» J'ai dit que toutes ces violations combinées avaient donné lieu à des manquements de service innombrables et à des plaintes nombreuses et très-fondées de la part de MM. les maires, du clergé, des paroisses et du public ; que, par suite, la liquidation des comptes des fabriques deviendrait fort difficile ; j'aurais dû dire : impossible. J'ai dit que, suivant moi, M. le préfet ignorait une grande partie de tout cela. La note assure le contraire ; il est affligeant d'y croire. J'ai dit que, dans l'inaction de l'autorité préfectorale, il me paraissait indispensable que le ministère public intervînt, parce que le préfet n'a pas plus le droit de suspendre le cahier des charges qu'un tuteur n'a le droit de donner quittance des deniers de son pupille sans les recevoir. J'ai dit tout cela dans un intérêt général facile à comprendre, et aussi parce que ma conscience n'approuve pas tous les bénéfices qu'on me fait faire.

» Si, comme on le dit, un seul de ces faits était de mon invention, ce n'est pas par une note entortillée que la préfecture eût répondu, car elle m'a rendu service, malgré elle, en m'ouvrant vos colonnes.

» Je vous prie de rétablir, comme je vous la donne, ma qualification, falsifiée par simple erreur sans doute, et de vouloir bien agréer, monsieur, l'assurance de ma considération distinguée.

» Paris, 8 juillet 1849.

» F.-G.-A. Lemaistre,

Adjudicataire du bail courant des pompes funèbres, exploité par MM. Pector et Compagnie, propriétaire pour un cinquième de l'entreprise, rue de Trévise, 38. »

Nous pouvons, à la rigueur, nous abstenir de toutes réflexions personnelles, et laisser à nos lecteurs le soin de tirer de cette lettre toutes les conséquences qu'elle suggère. Cependant, il est certains détails curieux à connaître, parce qu'ils caractérisent non pas l'administration, mais certains hommes de l'administration. Nous appelons sur ces détails l'attention du public et l'attention particulière de M. le préfet.

La note communiquée à la *Patrie* ne portait ni date, ni signature. Les seuls caractères d'authenticité qu'on peut lui reconnaître étaient le timbre marginal : *préfecture de la Seine*, et le style embarrassé, effrayé d'un employé qui a tort. C'est dans notre journal, dans notre journal seul, que M. Lemaistre a signalé les abus énormes, avoués désormais, du service des inhumations et pompes funèbres ; c'est à la *Patrie* et non pas à nous qu'on adresse la réponse, car c'en était évidemment une ; réponse mauvaise, d'accord, mauvaise dans le fond, mauvaise dans la forme, mais enfin réponse. L'auteur maladroit avait donc le désir d'être lu par ceux qui ne connaîtraient pas les articles sérieux de notre collaborateur ; et sur cette combinaison de bonne foi, il avait calculé le succès de sa défense. Cette petite tactique a mal profité à son auteur ; elle a simplement ouvert à M. Lemaistre une publicité plus large que la nôtre.

Quant à M. le préfet, placé au-dessus de certaines intrigues de bas étage, loin d'en faire remonter jusqu'à lui la responsabilité, nous concevons combien son cœur honnête a peine à y croire ; mais cependant il y croira, et un jour viendra où il nous saura gré de notre persévérance courageuse.

Réforme administrative du jeudi 26 juillet 1849.

La critique, osée même dans un but des plus utiles, porte avec elle un quelque chose qui ne lui permet guère de compter sur un accueil gracieux. Sa voix a cela d'étrange, que même en s'élevant aux suavités d'une harmonieuse symphonie, elle n'en résonnerait pas moins désagréablement à certaines oreilles.

C'est que nous voilà ainsi faits tous tant que nous sommes. Chacun de nous a son autel particulier, où, dans le silence et l'intimité de sa satisfaction, il caresse l'idole à la création de laquelle il a concouru, et dont on est si mal ve nu à signaler les imperfections. Qui ne comprend pas les faiblesses de la paternité même *in partibus*?

Pour notre part, nous les comprenons si bien que nous amnistions volontiers toute susceptibilité à laquelle nous aurions donné l'éveil, mais à une seule condition, néanmoins, c'est de ne point être traités en ennemis sur le terrain commun de la libre discussion. L'hostilité, puisqu'il faut l'appeler par son nom, n'est ni dans nos goûts ni dans nos principes. Sous le premier chef, nous la repoussons pour cause d'incompatibilité avec notre nature. Sous le deuxième, nous n'en voulons pas plus, soit qu'elle apparaisse avec sa technologie, ou que sa supposition se dissimule même dans un sens dubitatif.

Nous n'errons pas à l'aventure. Parcourant le domaine des faits, nous saisissons la réalité sur son passage, et, sans autre préoccupation que celle de l'intérêt général, nous lui imposons la loi de notre publicité hebbomadaire, — avec laquelle on a cru peut-être pouvoir se dispenser de compter, parce qu'on a tâté son pouls trop légèrement, et réduit plus légèrement encore nos forces vitales à la proportion numérique de nos pulsations officielles.

Dans notre pérégrination administrative, nous jetions paisiblement quelques réflexions sur l'importante municipalité de Paris, lorsque le choléra nous a distrait de cette inoffensive investigation. Des faits graves nous ont été révélés sur l'inexécution du cahier des charges par l'entreprise des pompes funèbres. Nous les avons signalés à l'autorité supérieure intéressée à les connaître, et investie seule des moyens de répression.

Après quelques semaines pendant lesquelles nous n'avions pas cessé de traiter la question, parut à *la Patrie* du 4 juillet une *Note communiquée* par la Préfecture de la Seine, où, sans réfutation aucune, on voulut bien attribuer les faits énumérés par notre journal à *l'invention* d'un de nos collaborateurs.

Dans cette imputation peu bienveillante, la Préfecture de la Seine a oublié que les faits signalés par nous étaient tellement réels qu'ils avaient été l'objet des plaintes de MM. les maires de Paris. S'il en était autrement, comment expliquerait-on cette circulaire de la préfecture, en date du 29 mai 1849, commençant par ces mots : « Monsieur le maire, » des plaintes m'ont été adressées par *plusieurs de vos col-* » *lègues* sur l'irrégularité avec laquelle l'entrepreneur des » pompes funèbres exécute en ce moment son service. J'ai » fait mettre l'entrepreneur en demeure de faire cesser ces » infractions aux conditions imposées par le cahier des » charges, et je ne négligerai aucune des mesures qui me » paraîtront nécessaires pour assurer le service, etc. »

Et puis, pauvres lecteurs, rapportez-vous-en au style semi-officiel des articles communiqués.

Malgré le bon vouloir de M. le préfet de la Seine, il est constant que le service n'a pas mieux marché. Les ordres et le cahier des charges ont eu le même sort. Nous l'avons dit, bien plus, nous l'avons répété.

Une nouvelle note communiquée, mais cette fois inscrite au *Moniteur* du 17 juillet, nous adresse un triple démenti. C'est beaucoup sans doute, plus qu'il n'en faut même en temps ordinaire.

Nous devons transcrire textuellement le protocole obligé, afin d'expliquer les quelques réflexions par lesquelles nous avons fait précéder notre réfutation.

« Un journal a inséré, depuis quelque temps, sur le service des pompes funèbres, des notes empreintes d'un esprit d'hostilité contre l'administration. Quels que soient l'intention et le but de ces articles, nous devons une réponse catégorique aux assertions qui y sont contenues. »

Cette réponse catégorique est divisée en trois points :

« 1° Il n'est point vrai que, depuis quinze mois, l'administration ait suspendu arbitrairement l'exécution du cahier des charges de l'entreprise des pompes funèbres. Voici la vérité : la suppression des armoiries prononcée par un décret du Gouvernement provisoire, et la diminution survenue dans les produits à la suite des événements de février 1848, ont donné lieu à des réclamations de l'entrepreneur.

» Ces réclamations ont été l'objet de l'examen d'une commission nommée par le préfet de la Seine, et qui est composée principalement de délégués par M. l'archevêque de Paris. Un pareil examen demandait du temps, car il embrassait toute la situation en recettes et dépenses d'une entreprise considérable ; aussi, en attendant une solution, la commission des délégués des fabriques fut-elle d'avis de fixer, pour chaque mois de 1848, le montant des remises que l'entrepreneur paierait provisoirement, et c'est ce qui a eu lieu jusqu'à la fin de l'année.

» Plus tard, un arrêté a rejeté les réclamations de l'entrepreneur, et fixé le chiffre du débet. Mais l'entrepreneur s'est pourvu devant la juridiction compétente, et un procès est aujourd'hui pendant. Un sursis jusqu'au jugement à intervenir a été accordé à l'entrepreneur pour le paiement des remises arriérées, moyennant le versement immédiat du tiers de la somme due, et cette condition a été remplie.

» Aujourd'hui l'instruction se poursuit avec le concours des délégués des fabriques qui connaissent la situation des choses, et qui savent, par conséquent, que les intérêts des fabriques ne sont ni abandonnés, ni négligés. On peut donner l'assurance que ces honorables citoyens ne partagent ni les craintes ni les soupçons exprimés par le défenseur officieux des fabriques. »

D'après l'art. 38 du cahier des charges, paragraphe 5, la portion des remises afférentes à chaque fabrique ou consistoire doit être versée par l'entrepreneur au commencement de chaque mois, entre les mains du trésorier de la fabrique ou du consistoire pour toutes les inhumations faites dans le cours du mois précédent.

L'inexécution de cet article suspend évidemment l'accomplissement des obligations imposées à l'entrepreneur vis-à-vis des fabriques et consistoires.

Des événements survenus pendant la durée d'une adjudication peuvent être de nature à diminuer les bénéfices et même à causer des pertes à l'entrepreneur, mais ces événements ne sauraient l'empêcher de s'acquitter aux époques prescrites envers les fabriques et consistoires dont les droits ne sont basés que sur les recettes effectives, et non sur un produit éventuel non déterminé.

En s'abstenant de verser aux époques prescrites le montant de la remise, l'entreprenenr a retenu indûment un encaisse considérable, et a pu appliquer aux besoins de son exploitation des fonds dont l'absence est vivement sentie par les ayants droit, qui, en présence du vide dans leurs caisses, sont fondés à se demander en quoi consiste la loyauté et l'énergie qui les protége.

Avec un bon service, il ne devrait jamais y avoir qu'un mois de retard. C'est là une règle absolue. L'art. 40 du cahier des charges dit en effet : « Le recouvrement du montant des mémoires de fournitures sera entièrement aux frais de l'entrepreneur, pour son compte et à ses risques et périls ; en sorte qu'il ne pourra, sous prétexte de retard, ou même de défaut de recouvrements des sommes qui lui seraient dues, suspendre le paiement de la remise aux fabriques ou consistoires ni en demander la réduction.

Dans aucun cas, nous le répétons, l'entrepreneur n'est autorisé à différer l'exécution des articles du cahier des charges qui le lient envers les fabriques et consistoires. Nous sommes d'autant plus fondés à maintenir cette assertion, que même pour les sommes dues à l'entrepreneur par les mairies à la fin de chaque mois, dans les cas prévus par l'art. 45, l'art. 46 prescrit formellement de ne délivrer les mandats sur la caisse municipale *qu'après justification par certificats de MM. les maires, du paiement fait par lui des remises aux fabriques et consistoires y ayant droit.*

Nous ne voulons d'autre preuve de la suspension du cahier des charges que l'instance pendante entre l'entrepreneur et les fabriques et consistoires. De procès, il ne peut y en avoir que par une contestation relative à l'interprétation du bail. Or, ce n'est point de cela qu'il s'agit ici. La question est simple : l'entrepreneur n'a point exécuté le cahier des charges vis-à-vis des fabriques. Pourquoi n'y a-t-il pas été contraint en temps et lieu sous peine de l'application du cinquième paragraphe de l'art. 69. « La déchéance sera de même encourue et prononcée si l'adjudicataire ne remplit pas exactement tous et chacun des engagements qui lui sont imposés par le présent cahier des charges. »

» 2° Il n'est point vrai que, pendant la durée de l'épidémie, l'exécution de l'art. 77 du Code civil ait été suspendue. Dans les temps ordinaires, le service est organisé de telle sorte qu'un préposé de l'entreprise reçoit, dans chaque mairie, les commandes des convois extraordinaires demandés par les familles. Ce mode peut être suivi ordinairement sans inconvénient, car le matériel est suffisant, en temps normal, pour qu'il soit facile de satisfaire aux demandes des familles ; mais pendant la forte mortalité, il est arrivé que l'on a reçu dans chacune des douze mairies, pour des heures fixées à l'avance, des commandes dont l'exécution était reconnue impossible, lorsqu'à la fin de la journée elles étaient réunies au centre de l'entreprise.

» Maintenir un tel état de choses, c'était consacrer une cause grave de désordre, et abandonner les familles aux hasards d'une exécution très-incertaine. L'administration ne devait pas le faire ; aussi, adoptant pour les commandes du service extraordinaire ce qui avait été pratiqué en 1832 pour tout le service, elle a décidé que, pendant la durée de la forte mortalité, les commandes seraient reçues à l'entreprise seulement, afin que les familles pussent compter sur l'envoi du matériel nécessaire.

» Mais les maires ne sont pas moins restés en possession du droit de déterminer l'heure de chaque inhumation, qui a continué de se faire, comme d'habitude, en vertu d'un mandat, conformément aux prescriptions du Code civil. Il est vrai que les maires ont presque toujours accepté l'heure qui avait été indiquée par l'entrepreneur, à titre de renseignement, mais ils n'avaient aucun motif d'en agir autrement, et de ne tenir aucun compte des possibilités d'exécution. Cette mesure, toute provisoire, et qui a cessé à la fin de juin, n'a donné lieu d'ailleurs à aucune réclamation ; elle a eu, au contraire, l'approbation générale. »

En temps de choléra, nous l'avons dit, tout le monde ne meurt pas du choléra ; il est constant que de fait, sinon de droit, l'exécution de l'art. 77 du Code civil a été suspendue depuis le 7 juin jusqu'au 1er juillet. Il est constant qu'un grand nombre d'inhumations ont pu avoir lieu avant le délai légal. Que MM. les maires soient restés en possession du droit de déterminer l'heure, c'est de quoi nous n'avons pas douté. On peut nous croire sur parole, à moins d'exiger de nous la preuve que nous ne reconnaissons pas à un préfet le droit d'abroger un article du Code civil.

Que MM. les maires aient accepté l'heure indiquée par l'entrepreneur à titre de renseignement, nous ne le contesterons pas. Mais nous demanderons s'il a été au pouvoir de ces magistrats de faire autrement ; et dans la négative, qui est par trop palpable, nous demanderons où s'est trouvée l'autorité de l'initiative. Tout n'a-t-il pas été concentré pendant vingt-trois jours au chef-lieu de l'entreprise? Pourquoi? Par suite de l'insuffisance du matériel. *Matériel suffisant, nous dit-on, en temps normal.* Mais qu'a-t-on fait pour l'exécution du dernier paragraphe de l'article 21 : « En cas d'augmentation de la mortalité par suite d'épidémie ou par tout autre cause, *et dans quelque proportion que soit cette augmentation*, l'entrepreneur sera tenu de pourvoir à ses frais à tous les besoins du service. »

Si cet article avait été pris au sérieux, y aurait-il eu nécessité de supprimer le service des régleurs institués pour la commodité des familles par l'art. 33 du cahier des charges? Malgré cette concentration déplorable que l'on eût pu et que l'on eût dû éviter, n'est-il pas constaté que le service manquait de toute part?

N'est-il pas constaté, qu'affranchie du contrôle ordinaire, l'entreprise a marché suivant son bon vouloir, et que le 12 juin, au plus fort de l'épidémie, pendant que le service manquait dans les 7e, 8e et 12e arrondissements, l'entreprise employait son matériel à onze inhumations dans la commune de la Chapelle-Saint-Denis, et neuf dans la commune de Passy? N'est-il pas constaté que le 23 juin un seul convoi était à faire dans le 7e arrondissement, que fixé à sept heures du soir, il n'avait pu s'exécuter qu'à neuf heures, et pendant ce temps-là l'entreprise servait un convoi à Passy et trois à la Chapelle-Saint-Denis. Et nous aimons à le croire, en pleine contravention avec l'art. 56 du cahier des charges, qui « interdit à l'adjudicataire d'employer aucune partie du mobilier de l'entreprise à l'exploitation du service des inhumations d'une autre commune que celle de Paris, sauf pour un service accidentel, avec l'autorisation du préfet.

» 3° Enfin, il n'est point vrai que l'omission pendant plusieurs jours de l'envoi des duplicata des feuilles de commande doive rendre plus difficile la liquidation des remises et nuire aux intérêts des fabriques. L'administration, tout en reconnaissant ce qu'il pouvait y avoir d'impérieux dans les circonstances où l'envoi des duplicata avait été interrompu, a fait régulariser la position par la remise successive des feuilles de commandes arriérées, et elle n'est saisie d'aucune réclamation, et ne possède aucun indice qui la portent à penser que les intérêts des fabriques aient eu à souffrir de l'omission qui a eu lieu pendant la forte mortalité. »

Pourquoi ne pas dire tout simplement : les duplicata ont été supprimés pendant vingt-trois jours. Mais quel mal y a-t-il à ça ? N'avons-nous pas les notes de l'entreprise ? Que faut-il faire de plus ? Mettre l'arriéré au courant, régulariser la situation et couper court à toute réclamation ; mais c'est l'A B C du métier !

Alors, nous qui ne partageons pas cette douce quiétude, et qui, surtout, n'avons rien à gagner au titre que nous acceptons de défenseurs officieux des fabriques, nous demanderons à quoi bon l'art. 34 ? « Dans la vue de garantir à » l'administration et au public l'exacte observation du tarif, » et pour donner aux fabriques et consistoires le moyen de » constater la quotité des remises à leur faire, l'entrepre- » neur sera tenu de faire remettre à l'ordonnateur, pour le » déposer sur récépissé, à l'église ou au temple, un dupli-

» cata par lui certifié de la feuille d'ordre signée par la fa-

» mille, etc. »

A quoi bon l'art. 39, qui prescrit à l'inspecteur de surveiller la rédaction et l'envoi, tant des duplicatas des commandes mentionnées à l'art. 34, que des bordereaux sur
lesquels s'établit la remise?

A quoi bon l'art. 44, qui appelle la vérification sérieuse
des maires sur les feuilles de commande et les duplicata?

A quoi bon, une fois pour toutes, ces moyens de vérification
et de contrôle?

Et quand on a fait litière des prescriptions sages qui
n'ont pas voulu mettre le public, et surtout le public dans
dans la douleur, à la merci d'une société de spéculateurs,
on vient nous dire sérieusement qu'il n'est pas vrai que ce
qu'on appelle bénignement une *omission*, [et que nous appelons *suppression*, rende plus difficile une liquidation.
Surmontez donc la difficulté. Est-ce nous qui vous en con-
testons la puissance? Mais vous aurez beau faire, l'opération
manquera par la moralité. C'est une base que vous lui aurez fait perdre. Qu'il n'en résulte point un préjudice matériel, ce que nous aimons à penser, on ne vous demandera
pas moins pourquoi pendant vingt-trois jours il y a eu suspension des garanties que l'entrepreneur lui-même aurait
dû être le premier à sauvegarder. Il le pouvait, en adjoi-
gnant un ou deux employés temporaires à ceux qu'il entretient ordinairement. Cela n'était pas difficile à exécuter,
et, dans cette circonstance, on ne nous dira peut-être pas
que pour rencontrer une capacité à bulletin, il a fallu du
temps, et qu'on ne l'a rencontrée cette capacité qu'au mo-

ment où le retour d'un état normal rendait sa coopération inutile.

Quel sera le sort de ces commandes payées d'avance, non complétées par l'entreprise, qui a eu de nombreux remboursements à opérer pour ce fait même? Quel est le moyen réservé aux fabriques et consistoires pour connaître le chiffre de la commande, et invoquer l'application de l'art. 43 du cahier des charges ainsi conçu : « Le montant de de toute feuille d'ordre, dont le duplicata n'aurait pas été déposé à l'église ou au temple, au secrétariat de la mairie et au bureau de la fabrique ou du consistoire, ou qui n'aurait pas été déclaré pour son montant réel, appartiendra en totalité à la fabrique ou au consistoire intéressé.

» En cas de récidive, l'adjudicataire sera passible de déchéance, conformément au dernier paragraphe de l'article 69. »

P. Conquet.

Réforme administrative du 2 août 1849.

Nous avons dit tout ce qu'il nous était permis de dire à propos de l'incident du choléra, sur le service des inhumations et pompes funèbres et sur l'inexécution du cahier des charges de l'entreprise, inexécution passée à l'état chronique. Cette excursion anticipée dans un champ évidemment de notre domaine, nous a fait cueillir sur notre passage quelques fruits qui, peut-être, n'étaient pas encore à point de maturité. Est-ce un bien? Est-ce un mal? Cela dépendra de l'usage qu'on saura faire de la lumière que nous nous sommes fait un devoir de semer. Il ne nous est donc plus permis désormais, à moins d'attaques nouvelles, que notre réfutation du 26 juillet rend peu probables, de revenir sur des faits reconnus, et nous allons reprendre le cours trop longtemps interrompu de notre examen sur la municipalité de Paris.

Le principe élémentaire et fondamental de toute administration, c'est l'ordre ; mais qu'est-ce que l'ordre en administration? Ce n'est pas uniquement, comme le supposent les esprits étroits, une question de chiffres et de rangement de papiers. C'est l'esprit d'analyse et de synthèse qui sait distinguer, classer et attribuer les matières et les services ; réunir dans la même main les attributions homogènes ; diviser celles qui ne doivent pas être confondues. C'est là une de ces vérités éternelles à la négation desquelles semble attachée une sanction pénale ; car il est permis de dire, sans exception, que tout service déclassé ou mal attribué est un service mal fait ; et que, tant qu'il ne sera pas reclassé ou réattribué, il sera toujours mal fait, quelques efforts et quelque mérite qu'on y dépense.

L'immensité des matières qui viennent ressortir à la préfecture de la Seine offre plus d'un exemple frappant d'attributions malentendues et de déclassement. Des intérêts d'influence, d'importance, de position ou de bureau semblent être le seul obstacle qui s'oppose à une refonte, à un remaniement, à une réattribution que le bon sens et la vérité s'accordent à demander. Cet obstacle, pour être le seul, n'en a pas moins été insurmontable jusqu'à ce jour ; et l'esprit

novateur des radicaux les plus exaltés, après avoir usé toute
son énergie contre les grandes institutions dont le maintien
religieux importe le plus à la société, est venu, lion dé-
sarmé, se coucher aux pieds de la bureaucratie, cette puissance mystérieuse qui étreint la France et qui l'étouffe. On
change un préfet en maire, d'un maire on refait un préfet,
d'un chef de bureau on fait un chef de division ; et l'on s'arrête épouvanté de cette hardiesse gouvernementale, comme
si les mots et les noms étaient l'administration. Le titre de
notre journal ne serait-il qu'une vaine utopie de notre imagination? Les vieux errements du passé ont-ils creusé une
ornière si profonde que les esprits les plus hardis renoncent
à essayer d'en tirer la roue administrative condamnée à
tourner à la même place, dans le même bourbier, sous la
République comme sous la Monarchie?

Ne nous abandonnons pas à ces pensées désespérantes,
ayons confiance en l'avenir, mais ne perdons pas de vue
notre modeste spécialité, et *défenseurs officieux des fabriques*, attachons-nous à démontrer que le type, le modèle
du genre, confusion administrative et déclassement d'attributions, est l'ensemble du service des décès, des inhumations et des pompes funèbres.

Abstraction faite des désordres extraordinaires qui se sont
produits dans ce service depuis quinze mois, et que nous
avons signalés, il est permis de dire, sans crainte d'être démenti, que la confusion, le désordre, et, par suite, la mauvaise exécution, sont l'état normal de cette branche importante du service public. Depuis cinquante ans il a été écrit,
imprimé, lithographié des volumes de plaintes fondées, de
récriminations justes, de correspondance oiseuse, de tra-

casseries inutiles, de décisions contradictoires, d'arrêtés inexécutables ; et les choses, loin de s'améliorer, se sont embrouillées à un point tel, que l'arbitraire le plus complet forme désormais la base principale du service. Rien de fixe, rien de stable ; les décrets et les ordonnances sont presque neutralisés par des instructions verbales, les arrêtés et les instructions sont modifiés du jour au lendemain sans qu'on sache pourquoi ni par qui. C'est ainsi qu'on s'explique la disparition que nous avons signalée de l'arrêté du préfet Recurt. C'est ainsi qu'on s'explique pourquoi, au moment même où le préfet prodigue à MM. les curés les assurances les plus consolantes pour l'avenir, l'entreprise, avec un sans gêne inqualifiable, se permet un à-compte seulement sur les remises du mois de juin, en s'abritant devant nous ne savons quelle excuse banale pour cette nouvelle violation du cahier des charges.

Cette trilogie sinistre : décès, inhumations, pompes funèbres, est-elle donc ténébreuse à ce point que la lumière ne puisse y pénétrer ? Ne se trouvera-t-il jamais un esprit administratif complet et courageux qui vous dise :

Les décès et leur constatation sont des faits municipaux ;

Les inhumations sont matière de police ;

Les pompes funèbres sont matière ecclésiastique.

Réforme administrative du jeudi 9 août 1849.

MÉDECINS VÉRIFICATEURS PRÈS LES MAIRIES.

Dans l'ordre chronologique des faits, les fonctions du médecin vérificateur constatateur sont les premières qui se présentent à notre examen. Nous ne savons pas au juste sur quel texte s'appuya le premier maire qui eut l'idée de déléguer à un médecin les fonctions ou plutôt une partie des fonctions que lui attribuait l'art. 77 du Code civil ; mais, à coup sûr, ce maire eut une inspiration digne de respect et de reconnaissance éternelle. A compter du jour où cette sage mesure fut adoptée, les histoires d'inhumations précipitées furent reléguées au nombre des contes bons tout au plus à émotionner les portières, et quoique, dans un intérêt dont nous parlerons, on ait cherché quelquefois à raviver dans l'esprit public ces impressions de terreur et de crédulité par la publication de faits plus ou moins apocryphes, quiconque sait et réfléchit est bien convaincu qu'à Paris, en temps normal, on ne peut enterrer que les personnes mortes. Pourquoi faut-il que nous soyons obligés de limiter cette assertion rassurante *au temps normal ?*

Les médecins visiteurs, constatateurs des décès, par cela même qu'ils ne sont que délégataires des maires, ont une base d'institution qui ne nous paraît pas suffisante, et dans une ville telle que Paris, où les médecins ne manqueront jamais et où l'importance de la population équivaut à celle d'un département entier, il semble que ces fonctionnaires si utiles auraient dû faire l'objet d'une disposition législative spéciale. Comment cette idée de justice et d'intérêt public n'est-elle jamais venue à l'esprit d'un préfet de la Seine ? ou, si elle est venue, comment ne s'est-elle jamais manifestée ?

Le nombre des médecins vérificateurs n'est pas uniformément fixé dans les divers arrondissements de Paris, ni en raison de la population, ni en raison de l'étendue de l'arrondissement. Le maire est juge suprème; il fixe le nombre, détermine l'atttribution des quartiers; il nomme, il peut révoquer; il peut fixer des conditions à la nomination ou à la révocation. Ces facultés trop étendues ont donné lieu quelquefois à des abus.

Par un préjugé que nous sommes certainement loin de partager, beaucoup de personnes éprouvent un sentiment de répulsion qu'elles ne peuvent maîtriser, pour ce qu'elles appellent *le médecin des morts*. Elles aimeraient mieux s'abandonner aveuglément aux prescriptions de l'herboriste du coin que de recourir aux lumières souvent très-étendues et très-bien constatées d'un docteur qui a accepté les modestes, mais philanthropiques fonctions dont nous nous occupons. Ce préjugé, tout absurde qu'il soit, suffit cependant pour circonscrire singulièrement la clientèle d'un médecin vérificateur, et, à de rares exceptions près, on peut dire qu'il arrive ordinairement à l'âge de la retraite sans avoir pu créer le capital nécessaire pour assurer son existence, et sans que les fonctions publiques et pénibles qu'il a exercées lui donnent droit à la moindre pension de retraite, puisqu'il n'est pas l'employé de la ville, mais celui du maire.

En présence d'une détresse d'autant plus affligeante qu'elle est plus honorable, l'humanité de quelques maires s'est émue et les a entraînés à des actes blâmables au point de vue administratif, bien qu'ils trouvent leur motif et leur excuse dans les sentiments du cœur les plus purs.

Nous avons eu connaissance de traités faits sous les yeux et avec l'approbation du maire, par lesquels le successeur en expectative a pris l'engagement de servir à son prédécesseur ou à sa veuve une rente viagère ou de leur remettre mensuellement une portion aliquote des émoluments de la place de médecin vérificateur qu'il sollicitait.

Une réflexion bien simple aurait pourtant dû empêcher MM. les maires de se prêter à de pareilles transactions. C'est que, avec ce système, les circonstances aidant, il pourrait se présenter le cas où les émoluments attachés à la place fussent escomptés d'avance pour toute une génération de médecins, auquel cas il se présenterait peu de solliciteurs pour les fonctions.

Ceci est un abus, un grave abus. Nous le signalons à M. le préfet de la Seine. Il est bon qu'il sache que cet abus a existé, et que ses conséquences durent encore et pèsent lourdement sur ceux que la nécessité a forcés de s'y soumettre.

Pourquoi donc les médecins visiteurs constatateurs des décès ne seraient-ils pas employés de la ville de Paris ? pourquoi n'auraient-ils pas droit à une retraite ?

A côté de ce qu'on pourrait appeler une parcimonie de l'administration municipale, nous avons lieu d'admirer une prodigalité : c'est la création faite, il y a quelques années, de quatre médecins inspecteurs relevant directement de la préfecture, et dont les fonctions assez peu clairement définies, consistent apparemment à s'assurer que leurs confrères, les médecins vérificateurs d'arrondissement, remplissent exactement leurs devoirs.

Cette invention n'est pas heureuse. C'est une espèce d'injure gratuite à MM. les médecins vérificateurs et à MM. les maires. En effet, aux termes de la loi, c'est le maire lui-même qui doit procéder à la vérification des décès. Si donc, dans un intérêt d'humanité et de bonne exécution il délègue une partie de ses fonctions à un médecin, c'est toujours lui, maire, lui seul qui est responsable de l'exécution ; et le médecin inspecteur relevant de la préfecture directement, n'a en définitive, d'autre mission que celle de s'assurer de la manière dont MM. les maires accomplissent ou font accomplir cette partie de leurs devoirs.

Pourquoi donc cette espèce de contrôle imposé aux maires ? Et puis, est-il bien nécessaire d'être médecin pour s'assurer que les médecins vérificateurs font régulièrement leurs visites ? Le secrétaire de la mairie, le chef de l'état civil n'ont-ils pas toutes les connaissances, tous les renseignements nécessaires pour pouvoir dire, en cas de besoin, que tel médécin vérificateur fait très-régulièrement son service, que le service de tel autre laisse à désirer quelque chose ?

Qu'il nous soit permis de dire, au risque de déplaire, que des considérations dont le poids échappe à notre appréciation ont fait créer quatre places dont l'utilité est plus que contestable. Si notre opinion, à cet égard, trouvait des contradicteurs, nous puiserions sa justification dans le chiffre très-confortable auquel avait été fixé, de prime-abord, l'appointement de MM. les médecins inspecteurs, et dans la réduction très-notable et très-rationnelle qu'a faite la commission municipale sur cette partie des charges publiques.

Malgré les histoires effrayantes d'inhumations précipitées, reproduites, en temps opportun, dans les journaux, nous persistons à croire que la commission municipale a bien fait, et qu'elle eût pu mieux faire.

Réforme administrative du jeudi 17 janvier 1850.

Nous nous faisons un devoir rigoureux de donner une publicité immédiate à la lettre qui vient de nous être adressée. Les faits qu'elle énonce sont d'une telle gravité, que nous sommes intimement convaincus qu'ils sont ignorés par M. le préfet de la Seine. Ce magistrat ne les tolérerait pas, et nous avons le pressentiment flatteur que l'honorable M. Berger nous saura presque gré d'avoir éveillé sa sollicitude sur une partie de son administration, qui n'est point une des moins importantes.

Monsieur le rédacteur en chef de *la Réforme administrative*.

« Aujourd'hui 17 janvier, par la température rigoureuse dont nous souffrons, les agens municipaux du service des inhumations et pompes funèbres, ordonnateurs particuliers, ordonnateurs suppléants, porteurs d'arrondissement et porteurs suppléants, n'ont pas encore reçu le mois de leurs appointements échu le 31 décembre dernier.

» Par contre, la feuille d'émargement pour leurs appointements du mois de janvier à échoir a été déposée au cimetière du Nord pour recueillir, par anticipation, leurs signatures.

» Comme en livrant ces deux faits à la publicité, je n'ai d'autre but que de hâter la fin des souffrances trop réelles d'une classe d'employés dont le plus grand nombre n'a qu'un traitement de 1,000 fr. par an, je me borne à énoncer es faits. L'avertissement suffira, je l'espère, à nos hauts administrateurs, qui n'aiment pas le bruit. Si je me trompais, et si mon but n'était pas atteint, je vous fournirais des renseignements bien curieux et bien utiles ; mais, je le répète, si vous accueillez ma lettre on ne les attendra pas.

» Agréez, monsieur le rédacteur, l'assurance de ma considération bien distinguée.

» LEMAISTRE,

» *Adjudicataire du bail courant des pompes funèbres de la ville de Paris, rue Trévise, 38.*

» Paris, 17 janvier 1850. »

Réforme administrative, jeudi 24 janvier 1850.

La lettre que nous avons publiée dans notre numéro du 18 janvier, et que nous avait adressée M. Lemaistre, adjudicataire du bail courant des pompes funèbres, ayant donné lieu à quelques observations, nous nous empressons de déclarer que les ordonnateurs et suppléants de la ville de Paris sont complétement étrangers à la publication de cette lettre.

Mais nous saisissons cette occasion pour ajouter aux renseignements que nous fournissait notre correspondant. Si nous sommes bien informés, — aujourd'hui, 24 janvier, le paiement dont il nous annonçait le retard n'est pas encore effectué. Dans ce cas, à qui en attribuer la cause ?

Aux termes du cahier des charges, l'entrepreneur des pompes funèbres, tenu au paiement des appointements des agents du service, doit verser, *par avance*, le 25 de chaque mois, à la caisse municipale, le douzième de la somme de

140,700 fr., montant des traitements annuels de ces agents, soit, par mois, 11,725 fr.

Le 25 novembre dernier, cette somme a dû être consignée entre les mains du caissier de la préfecture, pour le paiement des appointements du mois de décembre. Le paiement n'ayant point eu lieu, les fonds doivent dormir dans les caisses de l'Hôtel-de-Ville depuis cinquante-huit jours.

D'où logiquement ces deux questions :

Exécute-t-on ou n'exécute-t-on pas le cahier des charges ? Qui bénéficie des intérêts du retard, ou de la ville de Paris ou de l'entreprise des pompes funèbres ?

(Estafette du 21 janvier.)

Ces deux questions nous en font faire une troisième :

Que sont donc devenus les 150,000 fr. d'allocation extraordinaire et supplémentaire votés par la commission municipale dans sa séance du 10 juin dernier, et accompagnés d'un blâme à l'administration à l'occasion des faits du choléra ?

Réforme administrative du jeudi 14 février 1850.

CIMETIÈRES, FOSSOYAGE ET EXHUMATIONS.

De tout temps, mais plus spécialement sous les préfets des deux dernières monarchies, l'administration des cimetières, dans le département de la Seine, a donné naissance à de graves abus. Nous n'avons pas l'intention d'énumérer maintenant les nombreux griefs que soulève cette grave question, nous nous bornerons à porter l'attention de nos lecteurs et celle de l'édilité parisienne sur quelques faits dont la perpétuité, bien qu'appuyée par les errements et les actes du passé, n'en constitue pas moins une flagrante illégalité qu'il importe de faire cesser promptement.

Nous ne parlerons donc aujourd'hui que du *fossoyage* et des *exhumations*. Si, dans cette partie du service des cimetières, quelques modifications importantes datent de l'année 1848, il est incontestable que le maintien de certains arrêts n'est pas seulement une charge onéreuse pour les familles, mais une violation flagrante de la loi.

Sous l'empire des chartes de 1814 et de 1830, pas plus que sous la Constitution de la République, nul préfet n'a eu ni n'a le droit de créer un impôt. Fixer le travail, en rendre exigible le salaire, là se bornait et se borne encore le pouvoir d'un préfet. Et cependant, depuis M. Chabrol jusqu'à M. Berger, tous les préfets de la Seine n'ont pas hésité à franchir, sous ce rapport, les limites de leurs attributions.

Un arrêté dont la date remonte à 1817, fixait pour les cas d'exhumation le salaire des fossoyeurs. A cet égard, le préfet était dans son droit; mais il le dépassait arbitrairement quand, dans le même arrêté, il allouait des *vacations ou droits de présence au commissaire de police, au conservateur du cimetière, au portier*, fonctionnaires jouissant d'un traitement fixe qui, par cette allocation illégale, se trouvait augmenté, par l'effet de l'indemité, à des proportions fabuleuses.

Sur un seul cimetière, celui de l'*Est*, la moyenne des exhumations, dans ce cimetière, est, par année, de 1.000 à

1,100 depuis 1817 jusqu'à ce jour. (Voir aux Archives de la Ville, les états.)

Un commissaire de police à ce cimetière a donc eu par année, de vacations extraordinaires. . . . .   7,000 fr.

Un conservateur   5,000

Et un portier   3,000

Or, le commissaire de police avait son traitement de la préfecture de police.

Le conservateur, un appointement fixe de 1,800 fr. par an, figurant au budget municipal.

Et le portier, ses appointements ostensibles de garde fixés à 75 fr. par mois, ou 900 fr. par an.

Voilà donc un commissaire gagnant par an de 14 à 15,000 fr.

Un conservateur, environ 7,000 fr., plus le logement, le chauffage, etc.

Et un *portier* 4,000 fr.

Cet abus incroyable a non-seulement duré longues années, mais il a été cultivé, augmenté et perfectionné par les successeurs de M. de Chabrol.

Ce n'est pas tout! En 1844, la préfecture juge que la présence de l'inspecteur des cimetières, qui, jusque-là, avait paru inutile aux exhumations, est devenue d'une nécessité indispensable. Nouvel arrêté qui, modifiant le précédent, porte de 20 à 22 fr. le droit d'exhumation, et alloue le supplément de 2 fr. à l'inspecteur, dont le traitement porté au cahier des charges des pompes funèbres, est fixé à 4,500 fr. Or, comme la moyenne des exhumations dans les trois cimetières est environ, par année, de 2,800, ce fonctionnaire, par l'effet de ce supplément, touchait bon an mal an environ 10,000 fr. d'honoraires.

Evidemment, le conseil municipal n'a jamais été informé de ces dispositions arbitraires.

A peu près à la même époque, on avisa à la préfecture que le fossoyage donné à entreprise coûtait plus cher que ne coûterait le fossoyage exécuté à la journée par de simples ouvriers ; une expérience fut tentée sur un des cimetières de Paris, celui du Nord.

A cet effet, nouvel arrêté du préfet qui supprime, pour le cimetière du Nord, le fossoyage à entreprise, et ordonne qu'il sera, à l'avenir, exécuté par des ouvriers au compte de la ville, suivi d'un autre portant *réglementation des salaires des ouvriers fossoyeurs au cimetière du Nord.*

Ce dernier porte :

1° Création d'un emploi de *garde fossoyeur, avec traitement de 75 francs par mois prélevés sur les fonds du fossoyage ;*

2° Fixation du salaire des ouvriers ainsi qu'il suit : un chef d'atelier, 2 francs 50 c. ; trois ouvriers, chacun 2 francs 25 c.

Au premier coup-d'œil, cet arrêté offre de remarquable :

1° Création d'un agent du service général, en dehors de tous les principes et de toutes les règles, à l'insu du conseil municipal ;

2° Changement d'attribution d'un fonds spécial, car le *fossoyage* et la *garde des cimetières* sont choses très-distinctes.

9

Mais, en l'étudiant avec soin, on y trouve mieux que cela.

Les salaires des ouvriers sont dissimulés, ils ne sont pas portés à leur chiffre véritable. Ces salaires étaient en réalité de 3 fr. 25 et de 3 fr. par jour; et voici pourquoi on les dissimulait :

D'abord, il fallait trouver les appointements du garde-fossoyeur qu'on créait, sans rien demander au conseil municipal; ensuite, et ceci est plus grave, il fallait dissimuler au conseil municipal le produit des exhumations, afin de s'en réserver la manipulation sans contrôle, dans un but qui reste à apprécier.

Le conseil ne pouvait pas ignorer le produit du fossoyage des *inhumations*, puisqu'il résulte du cahier des charges des pompes funèbres (art. 23), 60 c. par corps; mais il ignorait évidemment le produit du fossoyage des *exhumations* résultant seulement des arrêtés précités.

L'inspecteur des cimetières eut donc l'ordre de dresser mensuellement pour le cimetière du Nord deux états de dépense de fossoyage; le premier, authentique en apparence, destiné à passer, en cas de besoin, sous les yeux du conseil, comprenant les appointements du garde fossoyeur et les journées d'ouvriers, et calculé de manière à ne pas excéder le produit du droit de fossoyage à 60 cent. sur les inhumations; le second, tout privé et contenant seulement le complément du salaire des ouvriers, c'est-à-dire la différence entre les prix réels des journées et les prix fixés par M. le préfet dans son arrêté; et à payer sur les fonds provenant des exhumations, fonds secrets.

Nous avons eu sous les yeux ces états doubles pour les les années 1844, 45, 46, 47 et deux premiers mois de 1848.

Mais une irrégularité en entraîne toujours plusieurs autres. La perception du droit d'exhumation continuant sur le même pied, il se trouva qu'au 1er janvier 1845, c'est-à-dire après dix mois seulement de cette pratique nouvelle, les produits excédaient la dépense réelle de 1,886 fr. 45 c. résultant seulement du droit de fossoyage à 5 fr. par exhumation. Les ouvriers prétendant avoir droit sur cette économie, pour obtenir leur silence, le préfet rendit, le 28 février 1845, un nouvel arrêté qui, sur ces 1,886 fr. 45 c., allouait des gratifications jusqu'à concurrence de 686 fr. 45 c., et dans différentes proportions, au commis conservateur du cimetière, au garde fossoyeur, au fossoyeur, chef d'atelier et aux ouvriers fossoyeurs, c'est-à-dire nouveau déclassement d'attribution de fonds. — Ce même arrêté constate un reliquat sur cet objet de recettes de la somme de 1,200 fr. qu'il reporte à compte nouveau pour être ajouté aux ressources de l'année courante (1845), et être versé à la caisse municipale à titre de dépôt, c'est-à-dire ne devant pas figurer au budget.

La méthode paraissait bonne ; on appliqua en 1847 le même système au cimetière de l'Est.

Enfin, au 31 décembre 1847, il existait de ce chef d'économie à la préfecture, une somme dépassant 8,000 fr., mais qui n'atteignait pas 9,000 fr.

Quels projets avait-on sur cette somme ? la révolution a-t-elle dérangé ces projets ? la somme a-t-elle été absorbée dans les ressources extraordinaires qu'a dû se créer le gouvernement provisoire? L'a-t-on fait rentrer régulièrement au budget?...

Mais, comme nous le disons plus haut, à dater de 1848, le droit d'exhumation a subi une modification importante, il a été réduit considérablement; et cependant l'abus administratif est le même.

Ainsi, le commissaire de police est réduit à 3 fr., et l'inspecteur des cimetières à 50 c.

D'où résulte que les frais d'exhumation, qui étaient de 22 fr. au total, ne sont plus que de 13 fr.

Mais voici ce qui a lieu :

Le droit de l'inspecteur, du conservateur, du portier et du fossoyeur sont encaissés directement par la ville, qui détermine les allocations qu'il lui convient de faire. D'où résulte que sauf l'émolument du commissaire de police, aucune des sommes perçues n'a réellement l'attribution qui sert de prétexte à sa perception. D'où résulte enfin que la perception de ces sommes dont la légalité apparente ne venait que du prétexte de rémunération ou de salaire, a pris un caractère d'attribution tellement vague et incertain qu'elle rentre dans la classe des impôts variables. C'est-à-dire que l'illégalité est flagrante.

(Estafette.)

Réforme administrative du jeudi 21 février 1850.

En insérant jeudi dernier l'article que nous avons emprunté à l'*Estafette*, sur les cimetières de la ville de Paris

et les abus inconcevables dont ils ont été et sont encore
l'objet, dans certaines parties de leur administration, nous
nous sommes réservé de donner à nos lecteurs, avec quelques développements, les réflexions que cet article nous a
suggérées.

Voici ces réflexions :

Les faits signalés sont graves, d'autant plus graves, à nos
yeux, que le silence gardé par l'administration nous autorise à les considérer comme complétement avérés. Ainsi il
est constaté, aux yeux de tous, que, depuis 1844 jusqu'à ce
jour, il y a eu dans cette partie du service de la préfecture
des recettes et des dépenses qui, en l'absence de toute imputation précise, ont dû échapper au contrôle légal et salutaire
du conseil municipal, et ce, par des moyens que nous ap-
pellerons *petits*, pour ne pas user d'un terme plus sévère.
Fixation inexacte de salaires, arrêtés apparents, instructions
occultes, changements d'attribution de fonds spéciaux, rôles
d'ouvriers dédoublés, tous ces fâcheux détails de cuisine
administrative donnent une idée malheureuse de la municipalité de la capitale de la France.

Est-ce donc aux préfets qu'il faut s'en prendre de ce
scandale d'administration (qu'on nous passe le mot, c'est
le seul qui traduise modérément et fidèlement notre pensée)?
Evidemment non, ce n'est point aux préfets qu'il faut s'en
prendre. Quant on voit 1850 hériter de 1844, quand on voit
l'honorable M. Berger, préfet républicain, prendre, en cette
partie, la suite de MM. de Chabrol, de Bondy, de Rambuteau, préfets royaux, et agir exactement comme eux, sans
plus se soucier des principes ni de la légalité, on est forcé

de reconnaître ce que nous avons eu occasion de déplorer plusieurs fois que, dans ce poste éminent de préfet de la Seine, le personnage politique absorbe et nullifie le magistrat municipal.

Loin de nous donc la pensée de faire remonter à aucun des honorables noms que nous venons de citer le juste blâme qu'appellent ces faits scandaleux ; mais, à coup sûr, nous ne serons taxés ni de malveillance ni d'injustice, quand nous dirons que, dans notre opinion, les bureaux seuls sont les vrais coupables. Nous l'avons déjà dit : il y a une puissance occulte qui étreint et qui étouffe la France ; cette puissance survit aux révolutions ; elle s'appelle la bureaucratie ; c'est elle qui fait que la jurisprudence de M. Berger est celle que pratiquait M. de Rambuteau ; c'est elle qui, dans sa munificence dont elle a seule le secret, peut gratifier un portier de cimetière de 4,000 fr. de traitement ; c'est elle seule enfin qui, tout en faisant aux nécessités des temps le sacrifice d'une réduction considérable sur les frais d'exhumation, a eu le talent de faire porter la réduction sur tout, excepté sur le fond spécial du fossoyage, objet de sa prédilection, parce qu'elle en dispose à son bon plaisir.

Cette dernière remarque a échappé, comme tout le reste, aux divers préfets depuis 1848 ; espérons que la commission municipale voudra la mettre à profit en allant au fond des choses.

Réforme administrative du jeudi 7 mars 1850.

ORDONNATEURS DES CONVOIS.

Dans l'état actuel des choses, qu'est-ce qu'un ordonnateur des convois? Quels sont les droits, les devoirs et les attributions de ce fonctionnaire? — Nous n'en savons exactement rien ; il n'en sait pas plus lui-même, et M. le préfet, qui l'a créé et mis au monde, serait bien embarrassé de nous le dire. —Que devrait-il être? Quelles devraient être ses fonctions? Quelles sont ses prérogatives?—Nous essaierons d'expliquer nos idées à cet égard, avec la modestie imposée aux gens qui font des suppositions, des utopies ; mais pour cela il nous faut d'abord reconstruire péniblement, pièce à pièce, l'histoire totalement perdue de vue de cette famille à part d'employés non classés, négligés et maltraités, quoique, à nos yeux, leurs pénibles fonctions dussent être environnées d'une considération toute différente, puisqu'ils représentent la dernière autorité administrative, le dernier officier municipal chargé de clôturer l'état civil du citoyen qui quitte ce monde.

A en juger par ce qui se passe de nos jours, il semblerait qu'on leur a décerné leur titre d'ordonnateur par antiphrase, parce qu'il leur est interdit d'ordonner quoi que ce soit. Nos lecteurs en jugeront.

Pendant les premiers mois de la première République française (1792), les temples de tous les cultes fermés, toute pompe extérieure de convois forcément ou légalement supprimée ou interdite, l'autorité municipale fut obligée de pourvoir à un mode d'enlèvement et de transport des corps, mode simple, sévère, uniforme, en rapport avec les mœurs renouvelées des Grecs que les fondateurs de la République espéraient inculquer à la nation.—L'administration centrale du département de la Seine disposa que le service des inhumations serait fait, dans chaque arrondissement municipal, par un membre du comité civil ou par un membre du comité de bienfaisance. Ces citoyens, il nous est permis de le dire aujourd'hui, c'est de l'histoire, montrèrent généralement peu d'empressement, peu de zèle pour l'accomplissement de cette triste partie de leurs attributions, et avant même que l'autorité eût donné sa sanction, il devint d'usage dans toutes les mairies de Paris de déléguer spécialement ces fonctions à un employé peu fortuné, à un subalterne.

L'autorité municipale a de tout temps administré la cité, comme l'Académie française a gouverné la langue, en souffrant, en consacrant même par des règles ce qu'elle ne peut empêcher. Aussi la délégation tacite, tolérée d'abord, prit bientôt l'importance d'un règlement d'administration publique, et il fut établi auprès de chaque arrondissement municipal de Paris *un inspecteur des inhumations*.

Nous apprendrons quelque chose de neuf à beaucoup de nos lecteurs en leur disant que ce fonctionnaire, vêtu d'une carmagnole et d'un bonnet phrygien rouge, escortait un corbillard tricolore ; que, décoré d'une plaque aux emblèmes de la République, il s'avançait au bord de la fosse et faisait aux ouvriers fossoyeurs cette allocution sacramentelle : Au nom de la loi, je vous *ordonne* de couvrir de terre ce cadavre.—Celui-là, on ne peut le nier, était réellement *or-*

donnateur. Aussi, dès l'an IV, le titre d'inspecteur fut changé en celui d'ordonnateur.

Dans cette ère républicaine, la forme était simple, les frais pour ainsi dire nuls ; l'ordonnateur était porteur d'un mandat ainsi conçu :

Mandat   CANTON DE PARIS.

d'inhumation.   —

Administration municipale du   arrondissement.

Le citoyen   , inspecteur ou ordonnateur des conseils dudit arrondissement, fera inhumer le corps de

âgé de   , décédé le   à   heures du matin ou du soir, rue   , nᵒ   , division de

Paris ce   an   de la République française une et indivisible.

Suivait la signature de l'état civil, et cette formule uniforme de quittance : *Reçu vingt francs*, laquelle comprenait le droit municipal, les frais de transport, ceux de terrain et de fossoyage. (Nous sommes loin, on le voit, de cette simplicité primitive.)

Au dos du mandat était cette formule imprimée dont les blancs seuls restaient à remplir : Je soussigné, concierge du champ de repos de   , reconnais que le citoyen m'a déposé aujourd'hui à   heure, le corps dénommé ci-contre.

Paris ce

Lors de l'établissement des préfectures, on trouve à la date du 21 ventôse an IX un arrêté du préfet de la Seine, portant § 2, art. 7 : Dans chaque arrondissement municipal, il sera établi un ordonnateur particulier des convois.

Ici, il y a lacune dans l'histoire des ordonnateurs, et voici comment s'explique tout naturellement cette interruption. Le droit du 23 prairial an XII, en rendant aux fabriques et consistoires le monopole de toutes les fournitures quelconques, personnelles ou matérielles, nécessaires pour les funérailles, les autorisa à faire exercer ou affermer ce droit, d'après l'approbation des autorités, sous la surveillance desquelles ils étaient placés. A partir de ce décret, l'autorité municipale n'eut plus rien à fournir par elle-même, ni dans le matériel, ni dans le personnel du service, qui fut immédiatement adjugé sous forme de bail à un premier entrepreneur.

Cet entrepreneur ne tarda pas à reconnaître que, dans l'impossibilité de présider de sa personne à tous les convois, il lui serait avantageux, à plus d'un titre, d'y être représenté par un agent spécial ayant surveillance et autorité sur le personnel inférieur, et chargé en même temps d'accueillir les demandes, observations, réclamations ou plaintes du public. Il institua donc un certain nombre d'employés à lui, qu'il nommait, salariait et révoquait, et qu'il décora du titre d'*ordonnateur*, par réminiscence de ce qui avait eu lieu précédemment.

La création était bonne et utile; elle fut généralement goûtée et plus particulièrement appréciée des maires et de leurs employés pour que *l'ordonnateur privé* remplaçât tout naturellement *l'ordonnateur primitif*, l'ordonnateur *municipal*, sans qu'on songeât à s'enquérir de son titre, de sa qualité, de ses pouvoirs. Aussi, comme tout se perfectionne dans les bureaux, il arriva neuf ans après, lors du renouvellement du bail des Pompes funèbres, que, dans le cahier des charges, le préfet imposa au futur adjudicataire l'obligation de pourvoir aux appointements d'un nombre déterminé d'ordonnateurs dont le préfet se réservait le choix, la nomination et la révocation, dans le but évidemment unique d'avoir dans sa dépendance le plus grand nombre possible de places. Ce qui nous fait juger ainsi l'unique intention de la Préfecture dans la circonstance, c'est la suite des faits. A compter du jour où cet acte d'autorité oblique, inséré dans un cahier de charges, eût mis les ordonnateurs dans la dépendance de la Préfecture, sans en faire ses employés, puisqu'ils étaient payés sur un fonds particulier, aucun des préfets successifs ne daigna plus s'occuper d'eux que pour répéter périodiquement, tous les neuf ans, dans un nouveau cahier de charges de Pompes funèbres, la stipulation d'appointements et la réserve du droit de nomination que nous venons de dire. Du reste, jamais et nulle part un seul mot du caractère, du rôle, des fonctions ni des devoirs de ces employés.

Ce n'était pas sans raisons que nous disions en commençant cet article que cette classe d'employés utiles était négligée et maltraitée. Ils sont nommés par le préfet, payés par l'entrepreneur ; ils ne sont pas employés de la préfecture, ils ne le sont pas non plus de l'entreprise ; ils reçoivent les ordres de la Préfecture ; ils ne peuvent pas les exécuter sur un personnel qui ne dépend pas d'elle ; ils n'ont pas de caractère officiel, et ils portent des insignes ; ils ne sont point as-sermentés, et ils ont des fonctions de police. En sorte que, dans les cas les plus graves, leur ministère se borne à un rapport tout privé que les bureaux de la Préfecture de la Seine accueillent, rejettent, amplifient ou nullifient suivant leur bon plaisir. Avions-nous tort de dire que l'esprit le plus étroit d'envahissement et de bureaucratie a seul présidé à la création de ces agens et les a maintenus jusqu'ici dans la situation amphibie, bâtarde, indéterminée où ils végètent ?

Nous n'avons pas le projet de rapporter au long les abus sans nombre auxquels a donné lieu cet état de choses entretenu à dessein. Nous citerons deux faits : Nous avons connu un ordonnateur des convois qui n'avait jamais su lire couramment et qui n'écrivait pas du tout. Eh bien ! cet homme, incapable d'aucun service, a été imposé et maintenu, pendant longues années, à l'arrondissement le plus populeux de Paris, par la faveur inexplicable d'un employé supérieur.

Autre fait : Nous avons eu occasion de constater dans ce journal que, au mois de janvier 1850, les fonds dus à ces malheureux employés pour leurs appointements de décembre 1849 dormaient depuis cinquante-huit jours dans les caisses de la Préfecture. De pareils faits expliquent tout un système.

Que devraient être les ordonnateurs ?—Nous quittons ici le domaine des faits pour entrer dans celui de l'imagination.— Ils ne sont rien ; nous croyons qu'ils devraient être quelque chose, et voici, suivant nous, ce qu'ils devraient être. — L'utilité de leur institution est complétement démontrée pour nous, d'abord, par ce qui avait lieu avant la création de l'entreprise des Pompes funèbres ; ensuite, par les efforts sournois de la Préfecture pour les recréer sans les reconstituer, pour les avoir à ses ordres, dans sa dépendance, sans les payer.—Il y a dans cet état de choses anormal et prolongé plus qu'un aveu de la nécessité de l'institution. — L'ordonnateur qui représentait, sous la première République, le comité civil et le comité de bienfaisance, devrait, de nos jours, représenter le maire en la personne de qui se résument ces deux comités. De là tomberait naturellement, dans ses attributions, le droit de proposer au maire les convois à exécuter *gratis*, droit attribué, on ne sait pourquoi, de nos jours, aux médecins-certificateurs des décès, comme si leur science médicale était de mise en semblable matière ; tandis que les connaissances toutes pratiques de l'ordonnateur, son habitude forcément acquise des droits, des devoirs et des tarifs, sa résidence obligée à la mairie, en font certainement le juge le plus éclairé, le plus compétent. Du droit de déclarer et requérir le service gratuit, découle naturellement le droit de contrôle sur les fournitures de l'entreprise pour les convois payants, droit essentiel, indispensable, qu'on s'est toujours efforcé de tordre, d'amortir, d'annihiler tout en ayant l'air de le proclamer bien haut.

Ainsi, les articles 26, 33, 34, 44 et 46 du cahier des charges des Pompes funèbres délèguent aux maires, de la manière la plus explicite, ce droit de contrôle. L'exercent-ils ? Non. Peuvent-ils l'exercer ? Non. Qui donc pourrait l'exercer en leur nom ? l'ordonnateur qui est présent au convoi et qui est porteur, ou du moins devrait l'être toujours (art. 34 *ibid*), d'un duplicata de la commande faite par la famille. Le droit de contrôle des fournitures implique né-cessairement celui d'autorité sur les personnes du service, et principalement dans un ordre de choses où tout doit être instantané; car, en matière de convois, pas de délais, pas de réparations possibles; l'autorité de l'ordonnateur sur le personnel subalterne devrait donc être absolue, et il ne de-vrait jamais y avoir lieu à ces cas d'observations, de résis-tance, d'indiscipline, de discussion qui ne viennent que trop fréquemment ajouter le scandale à la douleur des fa-milles.

Nous pensons donc que les ordonnateurs des convois de-vraient être choisis par les maires, sur qui roule la respon-sabilité du service, et non par les bureaux de la Préfecture, qui s'en inquiètent peu, et qui ne voient là qu'une occasion de retraite, sans bourse délier, pour leurs protégés. Que les choix devraient porter exclusivement sur des hommes qui, aux conditions de validité physique indispensable, joignis-sent une instruction suffisante pour pouvoir verbaliser; qu'ils devraient être assermentés; que leurs droits et leurs devoirs ne devraient pas être indéterminés, mais qu'ils devraient ré-sulter d'une institution authentique, claire, précise et uni-forme; que leur institution indirecte par un cahier des char-ges d'entreprise particulière est essentiellement mauvaise, et peut donner lieu [aux interprétations les plus fâcheuses; qu'on peut se demander dans quel but on leur donne l'ap-parence d'une autorité, en ayant soin de faire aboutir tous leurs rapports aux cartons secrets des bureaux, et si cette

organisation ténébreuse ne pourrait pas, dans un cas donné,
servir à cacher des tripotages; que les ordonnateurs devraient être franchement et uniquement employés des mairies, rétribués par elles, et qu'ils devraient, en conséquence,
avoir droit, comme tous les autres employés, à une retraite.

Nous pensons tout cela et nous y reviendrons. Nous avons
cru, en élaborant cette matière peu connue, rendre service
à la municipalité, au public et à une classe d'employés utiles,
mal définis, mal institués, mal récompensés. C'est à ce triple
titre que nous sollicitons l'attention de la commission municipale.

Réforme administrative, du jeudi 21 mars 1850.

Encore un impôt établi par arrêté préfectoral!

On sait que la ville reprend au bout de cinq ans les concessions temporaires qu'elle fait dans les cimetières; mais
ce qu'on ne sait pas généralement, c'est que, après l'expiration du délai fatal indiqué et publié par le préfet, il en
coûte *six francs, prix fixe*, à toute famille qui veut réclamer
un *signe funéraire* déposé par elle sur ces tombes temporaires. Cette taxation résulte d'un arrêté de M. le préfet,
comte de Rambuteau, du 1er février 1840. — *Un signe funéraire!* qu'on veuille bien peser ces mots, et l'on comprendra que cette taxation passée inaperçue peut donner des
produits d'une certaine importance. — L'arrêté porte, art. 3,
que les fonds seront versés à la caisse de la préfecture, *à
titre de dépôt*; et, art. 5, qu'il sera ouvert, au bureau de

l'état civil, un registre spécial constatant les versements. Enfin, l'arrêté est basé sur les frais qu'entraîne, pour la ville, l'enlèvement et la conservation de ces signes funéraires. — *Les frais*, c'est bien vague.

Nous aimons peu les versements *à titre de dépôt*, et nous aimons moins encore les perceptions arbitraires. Nous croyons toujours que le préfet n'a pas le droit d'établir ainsi, de son autorité privée, une perception sous prétexte de rémunération de travaux indéterminée, exécutés par des ouvriers innommés, laquelle, en définitive, va droit à la caisse de la préfecture. Si nous avions l'honneur d'appartenir à la commission municipale, nous aurions à cœur d'éclaircir cette affaire. Nous voudrions savoir : 1° ce que produit, bon an mal an, ces objets de recette ; 2° où passe ce produit ; 3° si le livre prescrit par l'art. 5 de l'arrêté est parfaitement en ordre. Cet examen fait, et après mure délibération, nous voudrions enfin que la perception dont s'agit fût régularisée définitivement, ou supprimée. Il y a dix ans qu'elle est à l'état provisoire.

Les tentatives renouvelées sans cesse par l'administration pour se créer des fonds dont elle dispose à son bon plaisir, et dont l'emploi n'est pas déterminé par le budget municipal, sont un symptôme fâcheux et qui demande une attention sérieuse.

———

Je prie le lecteur de remarquer que, dans ce qui précède comme dans ce qui suit, je ne fais que copier des faits accomplis, le plus simple rôle qu'un homme puisse jouer.

TABLEAU

DES

Décès du choléra dans le septième arrondissement en 1849.

De la naissance à 7 ans		Adultes		Totaux
Masculin.	Féminin.	Masculin.	Féminin.	
Mars	1	1	9	4	15
Avril	5	6	22	2	35
Mai	11	16	62	63	152
Juin	63	43	167	204	477
Juillet	6	5	7	8	26
Août	11	9	29	25	74
Septembre	8	7	7	10	32
Octobre	»	»	1	»	1
Novembre	»	»	3	»	3
Total : 105	87	307	335	Total gén¹ 835

Le choléra a commencé le 9 mars 1849 et a cessé le 15 novembre de la même année ; le premier cas est arrivé rue du Roi-de-Sicile, n° 2 (prison de la Force) et le dernier eut lieu rue du Cloître-Saint-Merri, n° 10 (hospice).

CIRCULAIRES DU 1er BUREAU DE LA 2e DIVISION DE LA PRÉFECTURE

DE LA SEINE.

12 mai 1849, § 1er.

« J'ai eu récemment occasion d'appeler votre attention

» sur la nécessité de veiller à une bonne répartition du ser-
» vice des inhumations, je viens réclamer votre concours
» pour obtenir l'exécution la plus complète de ce ser-
» vice, etc.

» De mon côté, je n'ai pas manqué de faire rappeler à
» l'entrepreneur les obligations qui lui sont imposées, mais
» il importe qu'il ne puisse pas exciper pour s'en excuser
» du mauvais vouloir ou de la négligence des préposés di-
» rects de l'administration.

29 mai 1849, § 1er.

» Des plaintes m'ont été adressées par plusieurs de vos
» collègues sur l'irrégularité avec laquelle l'entrepreneur
» des pompes funèbres exécute en ce moment son service ;
» j'ai fait mettre l'entrepreneur en demeure de faire cesser
» ces infractions aux conditions imposées par le cahier des
» charges et je ne négligerai aucune des mesures qui me
» paraîtront nécessaires pour assurer le service.

5 juin 1849, § 1er.

» Je suis informé qu'en ce moment (quatre heures), il
» reste encore à faire un nombre considérable de convois
» pour lesquels le matériel disponible de l'entreprise sera
» insuffisant, etc....

6 juin 1849, § 1er.

» Le service des inhumations a été fort troublé dans la
» journée d'hier ; ce trouble vient surtout de ce que l'aug-
» mentation survenue dans la mortalité ayant été *subite*,
» le règlement des heures des convois a eu lieu comme à
» l'ordinaire, ce qui a eu pour effet de rendre le matériel
» de l'entreprise insuffisant.

7 juin 1849, § 2.

» A partir de ce jour, et seulement pendant la durée de
» la forte mortalité, le service extraordinaire cessera d'être
» réglé dans les mairies. Les familles qui auront à régler
» un service, c'est-à-dire qui demanderont d'autres fourni-
» tures que celles du service ordinaire, sont invitées à s'a-
» dresser à l'entreprise (rue Miromesnil, 54), ce qui per-
» mettra de ne promettre le matériel extraordinaire que
» pour les heures où il pourra être exactement fourni. —
» *Le préposé de l'entreprise, d'après le consentement*
» *donné par M. Pector, pourra être employé par l'ordon-*
» *nateur ou par vos agents pour aider le service ordi-*
» *naire.*

Cette circulaire fut suivie d'un ordre verbal donné à M. Balard, ordonnateur, de ne s'occuper en aucune manière du
service extraordinaire, c'est-à-dire du service productif, et
l'un de MM. les adjoints lui dit : « Si vous ne vous confor-
mez exactement à cet ordre, vous serez révoqué ; je tiens cet
avis d'un employé haut placé de la Préfecture. »

Conséquemment, à partir de ce jour (7 juin), toutes les
familles qui réclamèrent le service extraordinaire, ne fût-ce
qu'un simple corbillard ou un cercueil en sapin, furent en-
voyées jusqu'au 1er juillet, au siége de l'entreprise, sans aucune pièce qui justifiât de l'heure de la déclaration des
décès ; les heures des convois furent données au siége de
l'entreprise, et l'entrepreneur fournit le personnel et le matériel à mon insu, aucun duplicata des commandes ne
m'étant parvenu.

ENTREPRISE DU SERVICE GÉNÉRAL DES INHUMATIONS ET POMPÉS

FUNÈBRES DE LA VILLE DE PARIS.

7 juin 1849.

« Monsieur Balard,

» Il ne sera payé aucun mandat d'ordonnateur, sous le
» prétexte de porteurs envoyés à l'entreprise ; les ordonna-
» teurs qui emploieront des hommes devront les faire payer
» comme fait le 4ᵉ, sauf leur recours, s'il y a lieu, par or-
» dre·

» Signé : EWIG,
» *Chef des Equipages.* »

MAIRIE DU 7ᵉ ARRONDISSEMENT.

11 juin 1849.

« Le maire du 7ᵉ arrondissement autorise M. Balard,
» *ordonnateur* des pompes funèbres de son arrondissement,
» à requérir le nombre de porteurs qui lui sera nécessaire
» pour le service des inhumations.

» Signé : ARNAUD-JEANTI. »

MAIRIE DU 7ᵉ ARRONDISSEMENT.

« J'autorise l'enlèvement immédiat de deux corps exposés
» rue Beaubourg, 41, par les moyens les plus prompts et
» aux frais de l'administration des pompes funèbres.—Pa-
» ris, le 7 juin 1849, cinq heures un quart du soir. — Le
» maire du 7ᵉ arrondissement.

» Signé : WANDEURSEN, *Adjoint.* »

MAIRIE DU 7ᵉ ARRONDISSEMENT.

14 juin 1849.

« Le maire du 7ᵉ arrondissement, attendu que le corbil-

» lard commandé pour l'inhumation du sieur *Turpin*, do-
» micilié rue des Juifs, nº 1, devant faire ce service à neuf
» heures du matin; attendu qu'il est onze heures un quart ;
» attendu que la famille et les amis du sieur Turpin récla-
» ment l'inhumation ; attendu qu'un *char* est libre en ce
» moment dans la cour de la mairie, autorisons, en ces
» *causes*, le sieur Balard, *ordonnateur des pompes funè-*
» *bres*, à mettre ce char à la disposition de qui de droit
» pour qu'il soit immédiatement procédé à l'inhumation de
» feu sieur Turpin.

» Signé : POUPIN, *Adjoint*. »

PRÉFECTURE DE LA SEINE.

« Monsieur le maire, le rapport du conservateur du cime-
» tière de l'Est, pour le service de la journée du 23 juin,
» contient l'observation ci-après :

» *Nota*.—Le 7e arrondissement, qui n'a eu hier que sept
» convois pour l'Est, en a envoyé un qui est arrivé à dix
» heures dix minutes du soir ; il serait à désirer que le
» service fût mieux commandé pour éviter les reproches
» que font les personnes, qui accompagnent le corps, à
» M. le Préfet, et aussi pour éviter les observations que fait
» le public sur ces retards.

» La circonstance signalée tient-elle à ce que, en effet,
» le service a été demandé pour une heure aussi tardive, ou
» bien y a-t-il eu retard de la part de l'entreprise? Je vous
» serai obligé si vous voulez bien me renseigner à ce sujet,
» afin qu'au besoin nous fassions le nécessaire.

» Votre bien dévoué.

» Signé : HUSSON. »

Lundi, midi un quart.

La famille Brémont, rue Rambuteau, n° 4, dont il est question dans la lettre ci-dessus, avait réglé un convoi s'élevant à la somme de 91 fr.; M. le commissaire de police du quartier, sur la réquisition des parents, avait constaté, par procès-verbal, les faits et requis, aux frais de la famille, quatre commissionnaires pour remplacer les porteurs qui manquaient. Cette famille a-t-elle été remboursée? l'est-elle encore aujourd'hui? Je n'ose l'affirmer.

2e DIVISION, 1er BUREAU (PRÉFECTURE DE LA SEINE).
28 juin 1849.

« Sur l'avis exprimé généralement par MM. les maires,
» j'ai décidé que le mode exceptionnel autorisé par mon
» instruction du 7 juin pour le règlement du service ordi-
» naire et extraordinaire des pompes funèbres cesserait
» d'être employé le 30 de ce mois; en conséquence, je vous
» prie de prendre des mesures pour que, à dater du 1er juil-
» let, le service ait lieu comme précédemment, c'est-à-dire
» que chaque soir les demandes de *char* seront adressées à
» l'entreprise, et que les commandes pour la partie extra-
» ordinaire du service auront lieu à la mairie par l'entré-
» mise des préposés de l'entrepreneur.

» Recevez, etc.   » Signé : BERGER,

» *Préfet, représentant du peuple.* »

Réforme administrative du 8 août 1850.

APERÇU DE QUELQUES AMÉLIORATIONS IMPORTANTES À INTRODUIRE DANS LE SERVICE DES POMPES FUNÈBRES DE LA VILLE DE PARIS ET DE SES DÉPENDANCES.

Dans ce nombre infini d'agents de toute attribution qui peuplent nos services publics, il est heureux de rencontrer de loin en loin quelques esprits observateurs dont la constante sollicitude scrute avec ardeur tout ce qu'il y a de défectueux dans la législation dont ils sont un des moteurs dévoués. Robustes natures, qui volontiers se laissent absorber par un travail perpétuel, avec lequel ils ne comptent pas, dont les aspirations ne sont jamais distraites par une pensée qui se rapporte à la plus-value qui pourrait leur revenir !

L'amour exclusif du métier peut seul soutenir des efforts incessants, une tension d'esprit que rien ne ralentit. L'amour du métier se lie à l'amour du bien public, et ces deux puissants mobiles, qui s'inspirent et se purifient mutuellement, écrivent les dates sacrées où des améliorations utiles ont rempli des vides qui laissaient la société en souffrance.

Il n'est pas de petite administration, il n'est pas de petit service là où il y a du bien à opérer. Partout où il existe une organisation, qu'elle relève de l'Etat directement, qu'elle soit une partie détachée de son domaine, il suffit qu'il ait fallu rallier des intelligences et constituer une communauté d'action pour qu'il y ait intérêt général à perfectionner.

On ne saurait trop encourager ces observateurs patients que rien ne rebute, pas même les découragements les plus profonds qui leur viennent de ceux-là mêmes dont l'appréciation consciencieuse devrait être la première récompense.

Pour comprendre l'importance de la courte brochure dont nous donnons le titre, il faut savoir, ce que l'on ignore généralement, même à Paris, que le service des pompes funèbres de la ville de Paris et de ses dépendances constitue une vaste administration régie par entreprise.

Sous ce dernier rapport, il y a double intérêt à surveiller de près tout ce qui s'y passe, afin d'assurer l'exécution de ce qui est prescrit, et de faire prescrire ce qui a été omis de l'être dans une première organisation.

M. Balard, qui doit peut-être à ses observations publiées en 1845 et à sa rigidité dans l'accomplissement de ses devoirs le mauvais vouloir de l'entreprise à son égard, a cessé depuis quelques mois seulement ses fonctions d'ordonnateur

Infractions au règlement et au cahier des charges, au détriment des familles, défectuosités de la législatoin et les moyens d'y rémédier, organisatiion du personnel à améliorer, contrôle plus puissant à créer, tout cela se trouve dans l'exposé succinct et rapide contenu dans la petite brochure dont nous rendons compte, et dont l'auteur fit le premier hommage à l'administration.

Partout l'observateur consciencieux, nulle part le critique prétentieux. Ajoutons que cette publication toute de dévouement, toute empreinte du désir le plus honorable d'être utile, fut encore un acte de courage, puisqu'elle était le contrôle sévère de l'entreprise toute puissante sur son personnel.

L'administration, qui avait soutenu jusqu'ici cet agent dévoué, lui a retiré subitement sa main. On dit que, mieux inspirée, elle va la lui rendre. Nous enregistrerons avec empressement cet acte de justice.

M. le rédacteur du journal *la Réforme administrative* a commis une erreur dans l'article qui précède, les quelques exemplaires de la brochure dont il parle et que je destinais aux autorités compétentes, ne furent pas distribués en 1845, comme il le dit, mais bien en juillet 1850. (Voir la lettre de M. l'entrepreneur, page 20.)

Paris. — Imprimerie de E. BRIÈRE et Cᵉ, rue Sainte-Anne 55.

POMPES FUNÈBRES.

Service des Inhumations dans la ville de Paris.

EXTRAITS

DES

ÉCRITS PUBLIÉS PAR M. ANATOLE PECTOR,

ENTREPRENEUR.

EXPOSÉ

DES CAUSES QUI ONT INFLUÉ SUR LA SITUATION
DE L'ENTREPRISE DU SERVICE GÉNÉRAL DES INHUMATIONS
ET POMPES FUNÈBRES DE LA VILLE DE PARIS,
ET MIS L'ENTREPRENEUR DE CE SERVICE DANS LE CAS
DE DEMANDER LA RÉSILIATION DE SON CONTRAT.

Tant de versions inexactes et contradictoires ont circulé sur la situation de l'Entreprise des Pompes Funèbres, depuis la Révolution de Février, que je crois devoir éclaircir dans l'esprit des personnes prévenues ou mal informées, des faits que la malveillance s'est plu à dénaturer.

Les erreurs que l'on a commises prouvent jusqu'à

*

l'évidence qu'on ignore généralement les obligations que l'Entreprise a à remplir, les charges qui pèsent sur elle, et l'exiguïté des ressources qui lui restent pour y subvenir, ressources qui cependant s'amoindrissent chaque jour, tant à cause des circonstances actuelles que des empiètements successifs de l'industrie libre sur le privilège, depuis ces dernières années.

Obligée de débourser avant son entrée en jouissance 924,000 fr. en espèces, tant pour le cautionnement que pour l'acquisition du matériel et autres dépenses d'installation, l'Entreprise s'est encore trouvée dans la nécessité d'augmenter considérablement ce matériel par suite des exigences du nouveau cahier des charges et de l'accroissement du service depuis trois ou quatre ans.

Avant de trouver les avantages qu'une mise de fonds si considérable doit lui faire légitimement espérer, il faut qu'elle supporte des charges énormes. Ainsi l'année 1847, qui avait été une des plus fructueuses pour les Fabriques et pour l'Entreprise, avait produit à peine 6 pour 100 pour intérêts et bénéfice, le service de la banlieue excepté.

La statistique des années 1847 et 1848 va faire connaître l'étendue de ces charges, en même temps que la diminution des recettes de 1848 expliquera l'état de gêne que l'Entreprise a dû ressentir, et par suite l'impossibilité où elle se trouvait de continuer son bail aux anciennes conditions.

ANNÉES	NOMBRE des Décès.	INHUMA-TIONS gratuites.	CONVOIS avec accessoires.	BIÈRES fournies aux indigents.	RECETTE des Convois.
1847 . . .	24,817	16,818	7,999	8,956	1,716,147 35
1848 . . .	24,404	17,578	6,826	10,499	1,162,944 35
Différence.	413 en moins.	760 en plus.	1,173 en moins.	1,543 en plus.	553,203 » en moins.

Il résulte, comme on le voit, de cette statistique, qu'en 1848 la mortalité a été moindre qu'en 1847, par suite de la diminution de la population ; que les inhumations gratuites ont été beaucoup plus nombreuses, ainsi que les bières aux indigents, et qu'enfin la recette a baissé de 553,203 fr., c'est-à-dire d'un tiers ; et encore faut-il remarquer que le mois de janvier n'a pas été atteint par les évènements, et que le mois de février en a peu souffert. Les fabriques ont conclu de cette situation que, puisque les recettes avaient baissé d'un tiers, l'entreprise avait dû perdre la quotité de bénéfices correspondante à cette partie de la recette ; mais qu'elle réalisait encore les deux tiers de ses bénéfices antérieurs : c'est une erreur qu'en réfléchissant un peu on n'aurait pas dû commettre, car les frais généraux sont, pour la plus grande partie, inhérents à l'organisation du service qui est toujours resté le même. Or, comme ces frais sont loin d'avoir diminué proportionnellement à l'abaissement de la recette, il s'ensuit nécessairement que le déficit que je viens de signaler pèse tout entier sur l'Entreprise.

Mais, dit le rapport de la Commission, en 1843 les recettes ne se sont élevées qu'à 1,196,524 fr. 25 c. ; la remise a été payée à 74-56, et l'entreprise ne s'est pas plaint. C'est vrai, mais la Commission oublie : 1° que l'année 1843 a eu 15 jours de moins et des plus productifs, puisque le bail actuel n'a commencé qu'au 15 janvier ; 2° que cependant l'année 1848 lui est encore inférieure, puisque la recette ne s'est élevée qu'à 1,162,944 fr. 35 cent. ; 3° que le chiffre des convois non recouvrés était insignifiant en 1843, tandis qu'il est considérable en 1848 ; 4° qu'enfin, en 1843, il y a eu en dehors du service de Paris :

1° Service du Prince Royal, bien autrement productif que les cérémonies de Février et Juin ;

2° Service de la banlieue . . . 70,217ᶠ 82ᶜ	}	116,522 47
3° Transports. 46,304 65	}	
Or, la banlieue, en 1848, n'a produit que. 15,842 27	}	40,993 27
Les transports n'ont produit que. . . . . 25,151 »	}	
	Perte en argent. . .	75,529 20

Car ces bénéfices étaient obtenus sans aucune augmentation de frais.

D'où provient cette perte? personne ne l'ignore.

Dès qu'on a laissé s'installer librement dans Paris, où elle n'a légalement rien à faire, dans un local anciennement occupé par M. Baudouin, une concurrence, dite Entreprise des Pompes Funèbres générales de France, on devait bien s'attendre à ce qui arriverait. En effet, cette entreprise, dont les principales ressources devaient consister dans ce qu'elle pourrait enlever au service de Paris, n'a pas tardé à se lier avec les agents d'affaires. Elle s'est même tout récemment associé M. Vafflard, l'un des plus actifs de ces agents, par l'intermédiaire duquel elle fournit des cercueils de luxe pour les inhumations dont il est chargé.

C'est à l'aide de ces moyens qu'elle est parvenue à s'emparer du service de la banlieue, des transports et de la fourniture d'un grand nombre de cercueils en chêne et plomb, plaques, etc., en sorte que, avant peu, si cela continue, l'Entreprise de Paris n'aura plus que le privilège des bières et des inhumations gratuites, tandis que sa rivale recueille des bénéfices qui échappent à tout contrôle, puisqu'elle n'est contenue par aucun règlement et qu'elle fixe arbitrairement le prix de ses tarifs.

Je n'ai cessé d'élever la voix contre ces funestes tendances, mais inutilement : l'Entreprise n'a trouvé nulle part ni protection, ni appui. En butte au mauvais vouloir de beaucoup d'ordonnateurs, qui ne se

croient institués que pour la persécuter, elle supporte
des frais considérables de porteurs et de location de
chevaux, par suite de la mauvaise répartition du service entre les 88 porteurs de la ville dont ils disposent,
quoique ces hommes soient payés par l'Entreprise, et
de la manière vicieuse dont les heures des convois sont
fixées. Loin de protéger ses intérêts, les ordonnateurs
avouent hautement qu'ils n'ont pas à s'en préoccuper,
et, quand ils sont obligés d'intervenir, ils le font avec
tant d'indifférence et de répugnance, qu'il n'y a aucun
parti à tirer de leurs constatations presque toujours in-
complètes. Ce mauvais vouloir se retrouve chez plusieurs de MM. les maires, de leurs adjoints, et de
MM. les commissaires de police. Partout défaut absolu
de protection, souvent partialité au profit des agents
d'affaires que l'on prône à mes dépens, de sorte que
l'Entreprise est heureuse quand elle ne rencontre que
de l'indifférence et qu'elle n'a pas à lutter contre des
sentiments hostiles.

J'ai réclamé; la Préfecture a envoyé des instructions.
Rien n'y a fait, à tel point que, dernièrement, l'adjoint
d'une mairie de Paris a commandé, pour un membre
de sa famille, des cercueils en chêne et plomb chez
M. Barbier.

Quelques églises même, oubliant que la justice et la
loyauté leur imposent plus particulièrement le devoir
de ne rien faire qui me soit préjudiciable, favorisent

ouvertement les agents d'affaires à cause des avantages qu'elles trouvent à régler avec eux les cérémonies du culte et des articles supplémentaires qu'ils leur demandent, n'apercevant pas le piège qui leur est tendu et la faute qu'elles devront expier plus tard.

Forts de l'appui d'une partie du clergé, les agents intermédiaires ne désespèrent pas d'abattre l'Entreprise. Pour y parvenir, ils ne reculent devant aucun moyen. Qu'on lise leurs enseignes, leurs brochures, leurs annonces, leurs tarifs qu'ils distribuent en concurrence avec les miens, et on sera convaincu qu'il est bien difficile pour les familles d'échapper à tous les pièges tendus autour d'elles.

Je tiens à la disposition de ceux qui désireraient les connaître une foule de documents qui ne peuvent laisser aucun doute sur le préjudice incessant qu'ils causent à l'Entreprise, tout autant qu'aux églises et aux familles qu'ils ont l'air de protéger.

Dans une pareille situation, comment peut-on exiger que l'Entrepreneur, abandonné à lui-même, remplisse ses obligations vis-à-vis des Fabriques, lorsque les appuis naturels sur lesquels il devait compter lui manquent de tous côtés ?

Des procès sont pendants en ce moment sur plusieurs de ces questions. Malheureusement leur solution est lente, et l'Entreprise ne sera jamais indemnisée de ce qu'elle perd tous les jours.

Mais, dit-on, quelque regrettable que soit la perte du service extraordinaire et le préjudice que les agents font éprouver à l'Entreprise, ces motifs ne peuvent influer sur ses obligations envers les Fabriques, ni l'en délier. En droit, je n'ai rien à répondre; mais toutes les considérations de droit se taisent devant l'irrésistible nécessité des faits.

Depuis cinquante ans, tous les Entrepreneurs qui se sont succédé ont été en possession de ces produits, toujours ils les ont supputés dans leurs prévisions, et leur anéantissement aurait nécessairement détruit tous les calculs sur lesquels l'Entreprise actuelle avait été basée, si le développement inouï qu'avait pris le service dans ces dernières années n'avait rétabli l'équilibre dans ses affaires. Mais aujourd'hui que ce développement a disparu et que les recettes sont tombées au-dessous de ce qu'elles avaient jamais été, il fallait nécessairement succomber ou s'arrêter.

La révolution de février ne m'avait laissé aucune illusion sur ce point, et je n'ai pas eu besoin d'une longue expérience pour pressentir les résultats que je signale aujourd'hui.

La suppression de la Chambre des Pairs, des titres nobiliaires, des grands officiers et dignitaires qui entouraient la monarchie, la perturbation enfin survenue dans toutes les fortunes, ne m'avaient malheureusement pas permis d'espérer que le petit nombre de convois payants, maintenant anéantis en partie ou considérablement amoindris par les causes que je viens d'énumérer, pût continuer à suffire aux anciennes conditions.

Aussi, dès le 23 mars dernier, me fondant sur les atteintes que les évènements venaient d'apporter à mon contrat, j'annonçais à l'autorité municipale et ecclésiastique mon intention d'en demander la résiliation.

Il me fut alors répondu qu'il ne fallait rien précipiter, que l'on apprécierait le préjudice que j'éprouvais, que l'on réunirait les Fabriques, et que l'on aviserait, d'un commun accord, à des modifications de nature à satisfaire tous les intérêts. J'étais animé de sentiments trop conciliants pour ne pas entrer avec empressement dans la voie des négociations qui m'était offerte ; mais j'étais loin de m'attendre, je l'avoue, à la manière dont on devait y répondre et aux procédés que l'on a jugé à propos d'employer à mon égard.

Lorsqu'on m'a demandé la communication de mes écritures, je pouvais la refuser, car je ne me trouvais pas dans le cas prévu par l'art. 41 du cahier des charges, qui, dans aucune circonstance, ne m'oblige à produire mes comptes de commerce, d'acquisition ou de fabrication, ni à faire connaître, en un mot, la partie industrielle et purement personnelle de mon service. Cependant, loin de m'y opposer, j'ai loyalement communiqué tout ce qui m'a été demandé, espérant que la Commission, frappée de l'exiguïté de mes bénéfices pendant l'année 1847, l'une des plus prospères du bail actuel, ne manquerait pas de prendre en très-sérieuse considération les déficits de 1848.

Je m'imaginais en outre qu'il serait tenu procès-verbal de cet examen ; qu'on se contenterait de constater les résultats nécessaires pour apprécier ma situation, mais que l'on renfermerait l'opération dans les limites commandées par une sage et discrète réserve. Je devais être d'autant plus rassuré sur ce point, que la Préfecture avait prescrit les formalités dont je viens de parler et qu'il existait un précédent. Ainsi, en 1839, l'administration ayant voulu se procurer des renseignements sur l'Entreprise, alors dirigée par M. Baudouin, chargea M. Sanson Davilliers, membre du conseil général et du tribunal de commerce, d'examiner ses livres. Lorsque ce dernier se présenta à l'Entreprise, son premier soin fut de déclarer à M. Baudouin qu'il ne voulait voir que les comptes de recette et de dépense des convois, mais que ceux concernant la partie purement commerciale, tels que les prix de revient et de fabrication, lui étaient étrangers et qu'il n'en voulait rien connaître.

Or, voici comment la Commission a procédé avec moi : elle s'est fait représenter par un teneur de livres qui est venu à l'Entreprise examiner les registres depuis le premier feuillet jusqu'au dernier, qui a vérifié les factures et les quittances des fournisseurs avec un soin tellement minutieux, que l'on a passé un jour

plus de vingt minutes pour retrouver une quittance de
1 fr. 40 c. pour une bière d'enfant. Ce n'est pas tout.
Ce teneur de livres, dont la mission n'a jamais été
qu'une mystérieuse inquisition, a littéralement copié
mes écritures en entier à mon insu ; il a interrogé mes
employés, il n'a pas craint de confronter mes déclarations avec les leurs, sans se préoccuper des inconvénients
qui pouvaient résulter de l'atteinte portée à mon autorité sur eux ; puis, formulant sur ces documents un
rapport sans contradiction aucune, il a présenté les
résultats comme il lui a convenu. Ainsi, par exemple,
après avoir établi, page 19 de son rapport complémen-
taire, qu'en 1847 j'avais payé le prix de la ration de
mes chevaux 2 fr. 48 c., ainsi que j'en avais justifié,
dit-il, par mes écritures et les pièces de dépense à
l'appui, il a été d'avis de ne m'allouer que 2 fr., chiffre
maintenu par la Commission, prétendant que cette
somme était suffisante. Or, je serais curieux de savoir
sur quels renseignements on s'est fondé pour cette
fixation, car je suis de tous les entrepreneurs de Paris
nourrissant des chevaux celui qui a payé le moins, ainsi
que cela résulte des certificats que j'ai entre les mains.
Obligée de se rendre à l'évidence, la Commission, dans
un premier rapport, avait conclu à l'abaissement de la
remise à 60 p. 100. Cette concession était insuffisante,
on l'a pourtant trouvée trop forte. Aussi, dans un examen supplémentaire, le teneur de livres, changeant

tout-à-coup son plan d'opération, et négligeant les comptes et les écritures qu'il avait précédemment examinés, a imaginé de chercher les éléments d'un nouveau rapport dans mon livre de caisse, dont les mouvements fictifs ne peuvent donner qu'une idée inexacte de ma position. C'est à l'aide de cette hérésie insoutenable dans l'espèce qu'on est parvenu à ne plus rien m'allouer du tout. Je me trompe, en présence d'un déficit de 553,203 fr., on me passe **22,000** fr. d'indemnité.

Absolument étranger au service des Pompes Funèbres, service tellement compliqué que la Ville en est continuellement occupée, le teneur de livres, ne tenant aucun compte de l'expérience pratique de ceux qui le dirigent, s'est cru apte à tout critiquer, à tout réformer. Ainsi, de ce que mes écritures ne concordaient pas avec ses théories, il en a conclu qu'elles étaient *irrégulièrement tenues,* ne comprenant pas sans doute le sens commercial que l'on attache à ce mot. N'ayant pas compris mes obligations envers la Ville, et les moyens dont elle dispose pour me forcer à les remplir instantanément, il a pensé qu'on pouvait réformer ce qu'il appelle des abus, mais ce qui n'est en réalité qu'une nécessité du service et la continuation de ce qu'ont fait tous les Entrepreneurs qui m'ont précédé. Il a même eu la prétention de décider des questions de matériel pour lesquelles on a toujours eu recours jusqu'ici à des hommes spéciaux dans les diverses parties

dont il se compose. Il a inspecté la carrosserie, la tapis-
serie, la menuiserie, etc.; il a indiqué les objets qu'il
fallait renouveler, ceux qu'il fallait conserver. Enfin,
voulant parler de tout, donner son avis sur tout, il a
rédigé un travail tellement hérissé d'erreurs et d'inexac-
titudes, qu'il n'est pas susceptible d'une discussion sérieuse, et que l'inexpérience ou la partialité de son
auteur se révèlent, pour ainsi dire, à chaque phrase.
C'est cependant sur ce document, que l'employé le moins
expérimenté de l'Entreprise pourrait réfuter victorieu-
sement, que la Commission a cru pouvoir, sans m'entendre, baser son jugement, prétendant dans son rapport
que c'était grâce aux importants travaux du teneur de
livres que la lumière s'était faite dans les Pompes Funèbres.

Je n'ai été admis qu'une seule fois au sein de la Commission, et encore est-ce à la Préfecture que je dois
cette faveur, ainsi que les communications tardives qui
m'ont été faites; car, sans elle, la Commission, juge et
partie dans sa propre cause, aurait formulé sa résolution
en l'absence de toute explication de ma part.

Je n'ai cessé de réclamer contre la manière, au moins
insolite, dont on procédait euvers moi. J'ai demandé
une contre-vérification de mes écritures par un teneur
de livres désigné par la Préfecture, ou par M. le Président du Tribunal de commerce; ma demande n'a pas été
écoutée. J'ai déclaré, comme je le déclare encore, que

je tenais mes écritures à la disposition de ceux de MM. les membres de la Commission et des fabriciens qui voudraient les examiner à l'Entreprise. Personne ne s'est présenté, et on a continué à me calomnier en m'accusant de mauvaise gestion et de mauvaise foi.

De quel côté se trouvent la justice et la loyauté?

Un examen de cette nature était-il donc nécessaire pour apprécier ma situation pécuniaire et l'étendue du préjudice que les évènements m'ont fait éprouver? Évidemment non. Mais il se présente, dit-on, des gens disposés à prendre les Pompes Funèbres à des conditions plus favorables que celles que j'avais proposées, et je crains bien que la Commission, éblouie par des promesses plus séduisantes que réelles, ne se soit prêtée, à son insu sans doute, à une spéculation que les *usages du commerce n'admettent pas*, en facilitant à des tiers le moyen de s'immiscer furtivement dans le secret de mes affaires privées. Mais à quoi bon tant de mystère, puisque, depuis le mois de février, je n'ai cessé de témoigner du désir de résilier mon marché et de le remettre à ceux, quels qu'ils fussent, qui voudraient me succéder! Je crois l'avoir deviné; c'est que les tiers qui s'interposent entre les Fabriques et moi n'ont pas le million nécessaire pour me rembourser. Là est toute la difficulté. Qu'on me rende mon million, et je ferai probablement des propositions plus avantageuses encore que mes concurrents. Malheureusement le chiffre est trop important pour être suppléé par des sophismes; car je ne crois pas devoir répondre à ce raisonnement, qui se propage pourtant encore, que les Fabriques sont devenues propriétaires de mon matériel par le fait seul de l'inexécution de mes engagements avec elles, et qu'elles n'ont qu'à en prendre possession sans bourse délier.

Il est vrai que, pour donner à cette énormité une apparence de raison, on ne m'a épargné aucune injure, aucune calomnie; ainsi, on répand dans le public que *je ne paie plus* les fabriques, qu'elles sont ruinées par mon fait. On a été jusqu'à annoncer publiquement au prône ma banqueroute, et faire des appels aux fidèles pour que leur charité vînt suppléer aux sommes dont je frustrais l'Église.

On ne s'est pas inquiété si ces calomnies ruinaient mon crédit, si elles dissolvaient les liens de discipline qui attachent mes agents à l'Entreprise.

Pour s'emparer de ma propriété, il fallait me rendre odieux ; on l'a essayé.

Peut-être aurais-je pu réclamer la protection des tribunaux contre les attaques qui sont encore journellement dirigées contre moi; j'ai préféré garder le silence, et donner ainsi un exemple de modération à ceux de qui j'aurais dû l'attendre.

Ma réponse à ces calomnies est écrite, d'ailleurs, dans les registres de MM. les trésoriers de fabrique. En 1848, j'ai payé 564,458 fr. 38 c., ce qui établit la remise à 15 pour 100, comme par le passé, sur la deuxième section, et à 57-77 sur la première ; il n'y a en litige qu'une différence de 13 fr. 79 c. s'élevant à 114,928 fr. 70 c., et sur laquelle je viens de faire verser la somme de 20,000 fr. A la vérité, je me trouve dans l'impossibilité de payer le reliquat ; mais il est plus que probable que l'évènement du procès actuellement pendant m'en affranchira et au-delà.

Tel a été le résultat de l'essai de transaction que j'avais tenté auprès des fabriques. Je devais d'autant moins m'y attendre, que ne jugeant pas que les circonstances actuelles me permissent de rendre au-delà de 40 pour 100, et ne voulant pas non plus fonder un traité de longue durée sur une crise publique, j'avais proposé de conclure un arrangement provisoire, limité comme on l'aurait voulu, par suite duquel j'aurais rendu la totalité de la recette, déduction faite des frais d'exploitation et d'une quotité amiablement fixée, pour intérêts et bénéfices.

Cette proposition n'a pas été accueillie, parce que c'était, disait-on, une gérance que je proposais, et que les Fabriques ne pouvaient pas l'accepter. J'avoue qu'après ce refus, je n'ai pas été médiocrement surpris d'apprendre que quelques Fabriques s'occupaient précisément d'une gérance, avec l'intention hautement avouée de la confier à d'autres, sans se préoccuper de me rembourser le prix du matériel. J'ai vu, dès lors, qu'il y avait

parti pris de me déposséder, et que tous les raisonne-
ments étaient inutiles. J'ai compris pourquoi les Fabriques avaient voulu connaître les détails de ma gestion,
pensant bien qu'elles avaient été mues dans leur examen, moins par le désir de me faire des concessions,
compatibles avec ma situation, que par l'envie de connaître les détails de l'exploitation et le parti qu'elles
pourraient en tirer.

Il n'y avait plus de salut pour moi que dans la justice
administrative; je n'ai pas hésité à me placer sous sa
protection.

On connaît maintenant les causes qui m'ont mis
dans le cas de demander la résiliation de mon bail.

Prétendant à une immunité exceptionnelle au milieu
du désastre qui a frappé tout le monde, les Fabriques
se sont montrées inexorables pour leur fermier.

Cependant l'Administration des hospices, dont la
vigilance pour les intérêts qu'elle surveille ne saurait
être contestée, avait compris que les circonstances actuelles exigeaient d'importantes concessions; aussi elle
n'a pas balancé à restreindre de 9 pour 100, qu'il était
avant février, à 3 pour 100 d'abord, et ensuite à 5
pour 100, taux auquel elle le perçoit aujourd'hui, le
droit des pauvres sur les spectacles. Or, cette recette,
quoique bien différente en apparence, n'en a pas moins
une analogie parfaite avec celle des Pompes Funèbres,
tant à cause de son origine que de la destination qu'elle

reçoît, puisque, basées toutes deux sur le luxe et l'aisance publique, elles concourent ensemble à des œuvres également respectables.

On m'a accusé d'avoir adressé des menaces ; c'est une erreur qu'il m'importe de rectifier. Je n'ai fait aucune menace. J'ai dit, et c'est encore mon opinion, que je croyais une transaction préférable à un procès, parce que les décrets et ordonnances qui régissent les Pompes Funèbres ne me paraissaient pas être en parfaite harmonie avec la législation actuelle, et qu'il pourrait peut-être surgir d'une discussion publique des questions que les Fabriques n'ont pas intérêt à soulever. Si l'on a vu là une menace, on a eu tort. C'était un simple avis, et, sur ce point comme sur tous les autres, l'avenir prouvera qui a manqué de prudence, des Fabriques ou de moi.

Telles sont les explications que j'avais à donner ; j'espère qu'elles sont assez explicites pour ne laisser aucun prétexte à mes adversaires.

Je n'ajoute plus qu'un mot : les Fabriques ont désiré connaître mes écritures, dans les plus petits détails, et les faire tomber, en quelque sorte, dans le domaine de la publicité ; j'ai bénévolement déféré à ce désir. Peut-être regretteront-elles plus tard cette démarche imprudente, mais elles ne pourront pas m'en imputer le tort, car elles ont été suffisamment averties. Quoi qu'il en soit, j'entends recueillir aujourd'hui de cette publicité le seul fruit que je puisse espérer désormais, en me lavant des insultes que je subis depuis près d'une année, et en confondant mes détracteurs. Je déclare donc que je tiens tous mes livres à la disposition de toutes celles des parties intéressées qui voudront en prendre connaissance; que je suis prêt à répondre à toutes les questions qui me seront adressées, et à fournir tous les documents qui me seront demandés : c'est plus qu'on n'a le droit d'exiger; mais je ne trouverai pas que ce soit trop, si je parviens à imposer silence à la calomnie.

A. PECTOR.

Paris, le 10 février 1849.

RÉFUTATION

DU MÉMOIRE PUBLIÉ PAR M. A. PECTOR,

SOUS CE TITRE :

EXPOSÉ DES CAUSES QUI ONT INFLUÉ
SUR LA SITUATION DE L'ENTREPRISE DES POMPES FUNÈBRES
DE LA VILLE DE PARIS, ET MIS L'ENTREPRENEUR
DANS LE CAS DE DEMANDER
LA RÉSILIATION DE SON CONTRAT,

Par F.-G.-A. Lemaistre,

Entrepreneur adjudicataire du bail, propriétaire du cinquième
de l'Entreprise.

1849.

———●———

J'ai fait le **20** février dernier une réfutation sommaire de l'exposé de M. Pector; il ne l'a pas comprise, ou a fait semblant de ne pas la comprendre. Il est allé plus loin, il a fait mine de s'en fâcher. Je me trouve donc dans la nécessité de devenir plus explicite, et M. Pector ne s'en prendra qu'à lui-même des vérités un peu crues, peut-être, qu'il me force d'énoncer.

Avant d'entrer en matière, j'ai besoin de faire comprendre à ceux qui voudront bien me lire, pourquoi et comment je suis amené à combattre M. Pector. Les personnes qui ont suivi l'affaire des Pompes Funèbres, depuis le 16 novembre 1842, savent par quel tour de gobelet M. Pector a été mis en mon lieu et place; mais ce qu'on ignore généralement, c'est que, en cessant d'exploiter mon bail par moi-même, je suis resté co-propriétaire de l'entreprise pour un cinquième, que je profite d'un cinquième dans les bénéfices ; et que, en conséquence, je suis responsable, au moins pour un cinquième, si ce n'est pour le tout, des faits et gestes de M. Pector, qui n'a qu'une qualité incontestable, celle de mandataire de la majorité des associés.

L'œuvre de M. Pector procède avec peu de méthode; il expose ses différents sujets de doléance à mesure qu'ils s'offrent à sa pensée, sans s'occuper de les mettre en ordre; en sorte que, il me sera fort difficile d'être plus méthodique que lui, j'en fais mes excuses aux lecteurs.

Si l'on en croit M. Pector, il est bien l'homme le plus malheureux qui soit au monde. C'est pitié de l'entendre raconter lui-même ses infortunes ; et ce récit touchant occupe tout son mémoire. L'envie l'a sali d'une manière atroce; et c'est dans le but unique de se laver, comme il le dit lui-même, que cet homme méconnu a composé son mémoire. L'intention est propre et louable; voyons les résultats.

Ce n'est point une tactique nouvelle que d'accusé se faire accusateur. Il est rare que les esprits droits se laissent prendre au piège, cela est vrai ; mais cette manière, si usée qu'elle soit, a paru bonne à M. Pector. Aussi s'en donne-t-il à cœur joie : *Des versions inexactes et contradictoires ont circulé sur les Pompes*

Funèbres depuis la révolution de février; les erreurs que l'on a commises prouvent qu'on ignore généralement les obligations que l'entreprise a à remplir. On a laissé s'installer librement dans Paris, où elle n'a légalement rien à faire, l'entreprise rivale dite Pompes Funèbres générales de France qui s'est, tout récemment, associé M. Vafflard. Innocente victime de ces funestes tendances, M. Pector n'a cessé d'élever la voix pour protester; mais, hélas ! l'entreprise n'a trouvé nulle part ni protection ni appui. En butte au mauvais vouloir des ordonnateurs, mauvais vouloir que M. Pector retrouve chez plusieurs de MM. les Maires et de leurs Adjoints, sans oublier MM. les Commissaires de police, le pauvre homme comptait au moins pouvoir se réfugier dans les églises. Eh bien ! point. Voilà que les églises, oubliant que la justice et la loyauté leur imposent plus particulièrement le devoir de ne rien faire qui lui soit préjudiciable, favorisent ouvertement les agents d'affaires, à cause des avantages, etc., etc.

Quelle diatribe, Monsieur Pector ! Comment avez-vous pu l'écrire d'un bout à l'autre sans faire cette réflexion si simple qu'elle vous mettait à dos, d'un seul coup, environ **3,000** personnes?

Mais d'où vient donc que, dans cette nomenclature désolante de vos ennemis, vous ne parlez pas des trois consistoires ? Seriez-vous du moins en bonne intelligence avec eux ? Hélas ! non, pas davantage. Je me suis bien renseigné à cet égard, et j'ai appris que les consistoires partagent très - sincèrement, sur votre compte, l'opinion des paroisses, des mairies, des commissaires de police et des ordonnateurs. Mais, si je sais compter, cela forme la totalité des personnes qui s'occupent de pompes funèbres, les seules compétentes pour vous juger; d'où il suit que vous seul formez votre parti et savez apprécier vos mérites.

Il en allait autrement de mon temps, Monsieur, et je reçois encore chaque jour des personnes qui, dites-vous, vous persécutent, les témoignages de sympathie les plus honorables; il est vrai que j'envisageais les hommes et les choses à ma manière.

J'avais vu dans l'entreprise des Pompes Funèbres générales une Société d'hommes parfaitement honorables (Société rare en matière de pompes funèbres), exerçant une industrie parfaitement libre, exploitant ou tâchant d'exploiter les localités non comprises dans mon privilège et formellement interdites au matériel de Paris, sans l'autorisation du Préfet (1); et j'avais compris que je ne pouvais combattre de tels hommes que par les moyens de concurrence les plus honnêtes et les plus légaux.

J'ai vu dans MM. les Ordonnateurs une classe d'employés utiles et modestes, trop peu rétribués; et j'avais su distinguer parmi eux des hommes d'éducation, d'intelligence et de cœur, bien dignes de fonctions plus importantes, et nous valant bien, vous et moi, Monsieur Pector, soit dit entre nous.

(1) Article 56 de cahier des charges.

J'avais vu dans MM. les Maires et Adjoints, et dans MM. les Commissaires de police, les représentants nés de l'autorité civile, chargés de réglementer les services publics; *dans les fabriques et consistoires, les vrais, les seuls propriétaires du terrain qui m'était donné à ferme;* et dans les ministres de la religion, des magistrats de l'ordre moral et religieux auxquels tous doivent respect et déférence, et particulièrement ceux qui, comme vous et moi, sont appelés tous les jours dans tous les temples.

A quoi peut donc tenir ce mauvais vouloir universel dont se plaint M. Pector, et que moi je n'avais rencontré nulle part? M. Pector nous l'apprend lui-même: les versions inexactes et contradictoires, les préventions, l'ignorance, l'erreur sont venues au monde pour le tourmenter *depuis la révolution de février* (1); et qu'on n'accuse pas M. Pector de calomnier la République; ce sont des faits. Exemples : le bruit a couru que M. Pector avait, dès le **23** février 1848, suspendu le paiement de la remise ; CALOMNIE !

MM. les curés et fabriciens ont cru, du mois de février au mois de mai, qu'ils ne recevaient plus rien; IGNORANCE !

Les officiers d'églises, congédiés ou réduits à moitié de leurs modestes traitements par la suspension des paiements de M. Pector, crient misère et famine; MAUVAIS VOULOIR !

M. Pector allègue, dit-on, à la commission des fa-

______

(1) Page 1re, § 1er du Mémoire.

briques une perte qu'il n'a pas faite ; VERSION INEXACTE
ET CONTRADICTOIRE !

Il écrit à MM. les maires des lettres qui les blessent ;
à MM. les curés, il fait des contes à dormir debout ;
aux commissaires de police, des malhonnêtetés ; aux
ordonnateurs, des menaces et des injures : — préventions ! ignorance ! erreur ! mauvais vouloir ! versions
inexactes !

Ma foi ! si, après ces explications franches et données
sur un ton convenable, quelqu'un n'est pas complètement satisfait, il se montrera bien difficile.

C'est une bien autre affaire si nous abordons les
questions de chiffres. Tout le monde a pu croire, d'a-
près l'art. 22 du cahier des charges, qu'il n'y avait
que 78 porteurs : IGNORANCE ! M. Pector en compte 88 ;
et il s'y connaît (page 6 du Mémoire).

J'ai cru jusqu'à ce jour avoir payé à M. Baudouin,
mon prédécesseur, 526,006 fr. 74 c. dont j'ai la quittance dans ma poche : PRÉVENTION ! M. Pector m'apprend que j'ai déboursé 924,000 fr. *avant mon entrée
en jouissance.*

Je me suis figuré avoir réparti entre mes associés et
moi, pendant mes quatre années d'exercice, une somme
assez ronde, *et avoir laissé en caisse un capital considérable,* le tout formant 28 à 32 p. 100 par année
des 600,000 fr. de capital engagés dans l'affaire :
VERSION INEXACTE ET ESSENTIELLEMENT CONTRADICTOIRE !
M. Pector, en 1847, avec une recette d'un quart su-

périeure à celle de ma meilleure année, n'a pu trouver que 6 p. 100.

Oh! pour le coup, je m'arrête et j'abandonne le ton de la plaisanterie auquel m'avaient induit, malgré moi, les facéties de M. Pector. A qui donc cet homme veut-il en imposer avec des contes si absurdes? En supposant que, par impossible, la commission des Fabriques pût s'y laisser prendre, comment a-t-il pu croire que moi, qui aurai une liquidation personnelle de plus de 400,000 fr. à réclamer de lui, en fin de bail, je le laisserais, sans protester, placer les jalons, poser les pierres d'attente de la spoliation qu'il a l'air de méditer à mon préjudice, à celui de ma famille et de mes créanciers? Viendra-t-il me dire, comme a eu la bonhomie de le faire un de ses associés, que ma cause est différente de celle des fabriques et consistoires; que je retrouve et au-delà, dans l'enflure du capital social, la diminution apparente sur les produits; que je bénéficierai d'un cinquième dans les réductions qu'il pourra obtenir sur la remise pendant le temps qui reste à courir; que, en bon associé, je ne dois pas l'empêcher de gagner de l'argent?

Messieurs mes associés, nous ne parlons pas la même langue. Ce que vous appelez gagner de l'argent, je l'appelle autrement; ce que vous appelez moyens permis, je l'appelle autrement; ce que vous appelez adresse, je l'appelle autrement; et je déclare à la face du Ciel et de la terre que loin de m'associer à la spéculation que vous tentez, je proteste contre; que je ne connais d'autre loi de notre société à jamais déplorable, que le cahier de charges du bail qui m'a été adjugé et l'acte de société du 21 décembre 1843 ; que je ne sais d'où vous avez pu extraire, au profit de vos projets, le droit de demander la résiliation de mon bail ; qu'il n'y a d'autre comptabilité de mon entreprise que celle établie, sous mes ordres, le 15 janvier 1843, par VICTOR COURRAYE, continuée par lui jusqu'à sa mort arrivée au mois de juin de la même année, reprise et suivie par M. Bascans jusqu'au jour où M. Pector m'a supplanté ; que tous autres livres ne sont pas admissibles et me sont plus que suspects ; mais que les livres authentiques dont je parle établiront quand on voudra, aux yeux de tous, que, pendant les quatre années de mon exercice, vous avez eu en moyenne, chaque année, 30 p. 100 de votre capital, et que l'année 1847 a dépassé ce chiffre. Nous sommes bien loin des 6 p. 100 de M. Pector.

Mais il faut tuer une bonne fois pour n'y plus revenir l'arithmétique de cet administrateur. Si je n'ai pas le mérite du raisonnement qui va suivre, j'accomplis un devoir en lui donnant la publicité qui lui est due.

Qu'on se reporte aux pages 4 et 5 du mémoire, et qu'on relise la fameuse comparaison entre les produits de 1843 (première année de mon exercice) et ceux de 1848 ; comparaison sur l'effet de laquelle M. Pector compte beaucoup, puisqu'il en fait ressortir pour l'entreprise, en 1848, une perte en argent de 75,529 fr.

20 c. Voici ce qu'il faut penser de cette comparaison, et M. Pector n'en sortira pas :

Recette de la 1re section (71-56 de remise) pendant l'année

1843....... 1,017,002 fr. 55 c.
1848.......   893,123   35
DIFFÉRENCE EN MOINS pour la portion
afférente aux fabriques............ 88,647 fr. 97 c.

Recette de la 2e section (remise à 15 p. 100) pendant l'année

1843........ 179,521 fr. 70 c.
1848........ 269,821   »
DIFFÉRENCE EN PLUS pour la portion
afférente à l'entreprise............ 73,752 fr. 39 c.

D'OÙ IL SUIT QUE LES FABRIQUES ONT RÉELLEMENT PERDU, MAIS QUE L'ENTREPRISE A ENCORE GAGNÉ.

Certes, comme partie intéressée, je dois rendre hommage à M. Pector, et ce n'est que justice. Il a fait preuve d'habileté en rejetant sur les fabriques seules les pertes d'une année désastreuse ; mais son habileté s'arrête là; et il devient maladroit, et peut-être plus, quand il se pose en martyr, et surtout, quand, par ses comparaisons imprudentes, il appelle les investigations les plus sévères de la commission et la réfutation sans réplique qui précède, réfutation dont, je le répète, le mérite ne m'appartient pas.

Est-il bien nécessaire désormais que j'entreprenne

M. Pector sur les produits fabuleux, suivant lui, du service anniversaire du Prince royal en 1843? sur les produits non moins fabuleux, pendant la même année, des services de la banlieue et des transports?

Non, je serai plus prudent qu'il ne l'a été dans son mémoire, et je me contenterai, sans détails, de lui adresser cinq questions qu'il comprendra et que comprendront les personnes qui connaissent les Pompes Funèbres.

Un service extraordinaire, comme celui du Prince, s'exécute-t-il sans dépenses extraordinaires ?

Le service de la banlieue peut-il se faire sans remises aux paroisses ?

Ce même service peut-il se faire sans dépenses extraordinaires ?

Les transports se font-ils sans payer les frais de poste ou sans détourner de leur service les hommes et les chevaux de l'entreprise ?

D'où vient donc que, dans ce qu'il nous donne pour des calculs sérieux, M. Pector ne tient pas compte de ces dépenses très-sérieuses qui, en 1843 comme en 1848, absorbaient plus des deux tiers de ces produits?....... Est-ce là de la bonne foi ?

J'ai retenu de ma philosophie que, quand les prémisses d'un raisonnement étaient fausses, la conclusion était fausse immanquablement aussi. Voyons si M. Pector échappe à cette règle inexorable : le mauvais vouloir universel, les pertes de l'année dernière, celles probables des trois années prochaines, la faillite imminente, voilà les prémisses. La résiliation pure et simple du bail, le rachat du matériel par une entreprise nouvelle, voilà la conclusion logique, rationnelle, obligée. M. Pector la voit, cette conclusion forcée, et il en a peur parce que son but n'est pas celui qu'il annonce. Il ne veut ni résiliation ni rachat ; il voudrait tout simplement une réduction sur la remise, et, comme on la lui a refusée très-positivement, il ne parle de résiliation que pour effrayer. Aussi, voyez comme il a peur d'être pris au mot ! *On n'a pas le million nécessaire pour le rembourser. Qu'on me rende mon million*, s'écrie-t-il ridiculement, *et on ne sera pas encore débarrassé de moi, car je ferai probablement des propositions plus avantageuses que celles de mes concurrents.* — Ici le mémoire tourne évidemment au genre bouffon, malgré le ton lamentable qu'il affecte. Ce serait abuser de la patience du lecteur que de relever sérieusement le faux, le ridicule qui débordent. — Après six années d'une jouissance paisible et très-lucrative, échanger le matériel usé et trois années fort douteuses contre la somme ronde d'un million comptant, c'est une opération toute claire. Feu M. de Lapalisse, qui était aussi un logicien, eût été certainement de l'avis de M. Pector.

Mais, mon honorable associé, les fabriques et consistoires sont personnes sensées, graves et respectables ; qui donc vous autorise à leur faire des contes bleus, à les traiter comme des enfants? Vous n'êtes pas un sot, Monsieur Pector; dites-moi quelle mouche vous pique pour finir ainsi votre complainte par une pasquinade?

Avant d'abandonner la besogne fastidieuse que vous m'avez imposée, j'ai besoin, pour l'honneur de l'entreprise, pour celui du caissier et pour le vôtre même, de rectifier une énorme faute de langage que vous commettez à la ligne 27 de la page 9 de votre mémoire. Vous dites que les mouvements FICTIFS de votre caisse ne peuvent donner qu'une idée inexacte de votre situation. FICTIFS n'est pas synonyme d'APPARENTS, Monsieur Pector, et c'est APPARENTS que vous avez voulu dire. Des mouvements FICTIFS ne peuvent avoir lieu que dans la caisse des gens de mauvaise foi; les mouvements APPARENTS se produisent dans toutes les caisses.—Pour vous faire bien saisir la différence de valeur des deux mots, permettez-moi un exemple : je puis dire que le poste que vous avez conquis aux Pompes Funèbres vous donne une situation APPARENTE de 40,000 fr. de revenu; mais on ne peut pas dire que les 30,000 fr. de capital réel qui forment votre seule mise de fonds dans l'entreprise soient FICTIFS (1).

J'en ai fini avec votre mémoire, Monsieur Pector, et,

(1) Inventaire après décès de M. Pector père. Me Mouchet, notaire à Paris, 23 décembre 1843. — Déclaration des sieur et dame Roques, sieur et dame Brion et sieur Biovès, du 10 décembre 1843.

comme je vous l'annonçais naguères, je crois avoir dit…. beaucoup. Cependant, je n'ai pas tout dit encore : il est évident pour tout le monde que vous n'êtes, dans cette affaire, qu'un agent subalterne. Le plan que vous tentez de mettre à exécution vient de plus haut que vous, et vous êtes ingrat ou peu sincère quand vous nous dites que vous n'avez trouvé NULLE PART protection ni appui. Il y a une protection occulte qui vous est acquise, qui vous a fait ce que vous êtes, et qui vous maintient en dépit du droit, en dépit du cri universel, en dépit de la raison. C'est par elle que vous avez pu impunément, sous cinq ou six préfets différents, garder en caisse l'argent des fabriques et consistoires pendant un an, cesser d'entretenir le matériel et d'habiller le personnel, n'exécuter qu'à moitié certaines clauses du cahier des charges, batailler sou à sou, centime à centime, sur le taux de la remise; signer enfin un mémoire ridicule qui m'aurait fait destituer, moi, entrepreneur adjudicataire, entrepreneur sérieux. Cette protection, qui va jusqu'à la partialité la plus évidente, est bien remarquable et bien étrange; se justifie-t-elle par un motif d'intérêt public? Je l'ignore; mais ce que je sais, c'est que ce motif est assez difficile à expliquer, quel qu'il soit.

LEMAISTRE,

Adjudicataire du bail courant des Pompes Funèbres,
Propriétaire pour un cinquième de l'Entreprise,

RUE DE TRÉVISE, **38.**

LETTRE A M. HUSSON,

Chef de la 2ᵉ division à la préfecture de la Seine,

SUR LE RAPPORT

PAR LUI FAIT A M. LE PRÉFET
LE 18 MAI 1851, SUR LE SERVICE DES POMPES FUNÈBRES
DANS LA VILLE DE PARIS.

> Le meilleur des cahiers des charges
> sera celui dont on voudra l'exécution
> loyale et sincère.

MONSIEUR,

Un exemplaire de votre rapport m'est tombé entre les mains ; j'ai conclu de ce qu'il est imprimé, qu'il était dans le domaine public, et que tout le monde avait droit de discuter vos projets d'innovations.

Vous divisez votre rapport en deux parties : la première, purement historique, destinée, comme vous le dites modestement, à *éclairer les autorités compétentes;* la deuxième consacrée au développement de vos propositions. *Les autorités compétentes* vous sauront gré de leur avoir rappelé si utilement l'ordonnance de Charles VI de février 1415, celle de 1641 et celle de 1690, et la mémoire de M. le préfet Frochot grandira certainement dans l'estime publique par l'éloge rempli de convenance que vous avez bien voulu lui accorder en passant. Quant à moi, peuple, je vais droit au seul point qui me touche, c'est-à-dire à vos innovations, à la deuxième partie de votre rapport.

Vos petites modifications aux tarifs, vos petits rangements d'articles, vos petites additions de manteaux, me paraissent d'une innocence parfaite. Tout cela ne fait absolument rien à personne. C'est une division de tirailleurs chargés d'amuser le tapis en attendant l'engagement sérieux. La fausse attaque que vous dirigez obliquement sur les droits curiaux et sur ceux des prêtres receveurs ne mérite pas non plus qu'on s'en effraye, puisque vous vous hâtez vous-même de la résumer en l'émission d'un simple vœu. Nous avons tous le droit d'émettre des vœux, même pour ou contre la révision de la constitution. C'est bien plus fort.

Mais voici, suivant moi, le point saillant, le point culminant de votre travail :

Vous proposez en principe une nouvelle fixation de la *taxe municipale* des inhumations. Vous voulez substituer aux droits fixes actuellement perçus, des droits proportionnels gradués sur les différentes classes de convoi qu'adopteraient les familles ; vous appuyez votre idée de considérations assez vagues dont vous ne prenez pas même la peine de faire valoir le poids ; et puis vous dites légèrement et en passant :

La taxe modifiée serait perçue pour le compte de la ville avec le montant des autres objets de la classe, soit au moment de la signature de la commande (si l'on veut diviser la perception), soit après chaque convoi, avec la somme due à l'entreprise.

Qu'entendez-vous par ces paroles? Comment comprenez-vous que la taxe modifiée puisse être perçue AVEC LE MONTANT DES AUTRES OBJETS DE LA CLASSE AU MOMENT DE LA SIGNATURE DE LA COMMANDE (SI L'ON VEUT DIVISER LA PERCEPTION)? L'entrepreneur n'aura donc plus la faculté de faire crédit pour ce qui le concerne personnellement? Il sera donc tenu d'exiger son paiement d'avance, c'est-à-dire de blesser, mécontenter, éloigner les familles pour que vous puissiez recevoir votre taxe *avec le montant des autres objets de la classe au moment de la signature de la commande?*

Vous avez trop d'habileté, Monsieur, pour avoir voulu une chose sinon impossible, du moins contraire aux notions financières et commerciales les plus élémentaires; vous avez voulu une seule chose, *c'est que, à l'avenir, l'entrepreneur des pompes funèbres fût le percepteur de la taxe municipale d'inhumation.* Votre pensée à cet égard est exprimée d'une manière timide, peu claire, cela est vrai; mais l'embarras même de votre rédaction, la légèreté, la concision étudiée avec lesquelles vous insinuez cette innovation, comme une simple affaire d'ordre, prouvent que je ne m'avance pas trop.

En effet, votre phrase est rédigée de telle sorte que la discussion s'établira nécessairement sur la division si désirable et si rationnelle de la perception; et que, cette division adoptée en principe, il vous restera encore les arguments suffisants pour charger de cette perception l'homme que vous voulez, que vous désirez substituer aux maires, l'entrepreneur des Pompes Funèbres.

Pourquoi voulez-vous cette substitution de comptables? je l'ignore, et ne dois pas, sur ce point, chercher à lire dans votre pensée ; mais il m'est permis de dire ici quels seront les résultats de l'innovation que vous proposez.

MM. les maires, dont les prérogatives s'amoindrissent de jour en jour, perdant le droit de percevoir et d'encaisser la taxe municipale, perdront conséquemment le droit d'en accorder la remise totale ou partielle.

La taxe n'étant plus portée aux mairies, les mairies n'auront plus à payer aucune des charges qu'elle est destinée à couvrir. Les médecins chargés de constater les décès seront alors payés directement par la ville.

Du droit de payer un fonctionnaire à celui de le nommer il n'y a pas loin ; dans un avenir prochain, MM. les maires se verront enlever le droit si important pour eux de choisir eux-mêmes les médecins visiteurs de leurs arrondissements, c'est-à-dire les hommes de confiance auxquels ils délèguent une des portions les plus délicates de leurs attributions (art. 77 du Code civil).

Je ne suppose pas que votre nouveau caissier, *l'entrepreneur des Pompes Funèbres,* soit chargé de remettre à chaque mairie, jour par jour, convoi par convoi, le montant des taxes proportionnelles qu'il aura perçues ; je ne suppose pas qu'il puisse vous venir à l'esprit de le charger de payer les médecins ; je ne suppose pas tout cela : non pas que ces idées me semblent plus excentriques que la vôtre, mais seulement parce qu'il y aurait impossibilité physique d'exécution. Je suppose donc que *l'entrepreneur percepteur* devra verser une ou plusieurs fois par mois, à la caisse municipale, le montant des taxes qu'il aura perçues.

Une première objection se présente : l'art. 41 de votre nouveau cahier des charges, copié textuellement sur l'art. 40 de l'ancien, rend l'entrepreneur personnellement responsable du montant des mémoires de fournitures, en sorte qu'il ne peut, sous prétexte de retard OU MÊME DE DÉFAUT DE PAIEMENT, suspendre le paiement de la remise ni en demander réduction. En sera-t-il de même de votre taxe municipale, et votre *entrepreneur percepteur* devra-t-il vous la payer quand même on lui ferait banqueroute, et du montant de la taxe, et du montant de son convoi? Vous auriez dû expliquer et étendre votre art. 41.

Je sais bien qu'il est des accommodements, pour certains êtres privilégiés, avec les cahiers de charges les plus sévères; aussi je ne suis que médiocrement inquiet de la responsabilité personnelle du nouvel *entrepreneur percepteur;* c'est la taxe qu'il aura perçue qui m'inquiète; et je crois que, à ce sujet, il est bon de vous rappeler certains faits publiés et qui restent encore à démentir.

Est-il vrai que, dès le 23 février 1848, l'entrepreneur des Pompes Funèbres en exercice a, malgré l'article 40 précité, suspendu le paiement de la remise due aux fabriques?

Est-il vrai que pendant plusieurs mois il a cessé de la manière la plus absolue les versements mensuels auxquels il était tenu ?

Est-il vrai que cette suspension de paiement, désastreuse pour les paroisses, ayant fini par accumuler entre les mains de l'entrepreneur des sommes énormes, l'honorable M. Récurt, alors préfet, dut prendre un arrêté spécial qui atteste la vigueur de son caractère et l'intelligence qu'il avait de la matière?

Est-il vrai que M. Récurt ayant cessé d'administrer, on n'a pas exécuté son arrêté, et que, malgré les réclamations incessantes du clergé, on a trouvé moyen d'allonger tellement les délais et les formes, qu'à peine aujourd'hui cette affaire est-elle terminée depuis quelques mois, si toutefois elle est terminée?

Si tout cela est vrai, Monsieur, supposez que M. l'entrepreneur eût eu entre les mains vos taxes municipales proportionnelles, et dites-moi si elles eussent échappé au sort de la remise du clergé? Voyez-vous les médecins visiteurs attendre leurs modestes honoraires pendant dix-huit mois? Voyez-vous un *service municipal*, c'est-à-dire d'ordre et d'utilité publics, devenu simple annexe soumise à toutes les chances d'une spéculation particulière ?

J'ai ouï dire, il y a longtemps, à un homme qui passait pour un grand administrateur, que son mérite principal consistait à classer et séparer les attributions hétérogènes. Ce mérite ne me paraît pas être celui de votre projet.

Vous vous élevez (page 24 du rapport), avec plus de raison que d'à-propos, contre les taxes greffées sur des taxes; n'est-il pas aussi odieux au moins de greffer un percepteur de deniers publics sur un spéculateur, un négociant? Vous vous raillez agréablement (page 22) de la *science du règlement des convois;* et vous ne voyez pas que votre échelle graduée de taxes donnera lieu tout simplement à un nouveau perfectionnement de cette science, si vous chargez le même individu de régler les convois et de percevoir la taxe.

Mais, pardon, vous savez tout cela mieux que moi, et il faut que des considérations d'un ordre bien supérieur aient déterminé l'étrange proposition que vous faites d'un *entrepreneur-receveur municipal.* Quel est donc le but que vous voulez atteindre, le but que vous vous proposez? Il eût été bon de le dire, car MM. les maires ne verront à leur égard dans votre projet que ce que j'y ai vu, et MM. les curés feront facilement ce calcul : que votre invention nouvelle présentant une perte sèche de 56,000 francs par an, comme vous l'avouez (page 33), il faudra que cette différence soit rattrapée quelque part, c'est-à-dire inévitablement sur leur remise, directement ou indirectement.

J'avais bien, en commençant, l'idée de vous adresser quelques autres questions ; je voulais, entre autres, vous parler de la sanction pénale que vous ajoutez à l'art. 5 (1 fr. 50 c. retenus à l'entrepreneur par porteur manquant), et vous demander si vous pensiez que les familles qui auraient payé leur service et qui auraient manqué de porteurs dussent se tenir pour satisfaites par cette retenue au profit de la ville ? Mais tout cela disparaît en présence de la gravité de l'innovation principale que vous cherchez à introduire.

C'est donc à ce seul résultat d'un changement de personnes dans la manipulation des fonds que viendraient aboutir les bonnes intentions de M. le Préfet et les réclamations incessantes de MM. les curés, de MM. les maires et du public !

Permettez-nous de croire qu'il n'en sera pas ainsi, que les autorités compétentes que vous avez voulu *éclairer* se rappelleront la fable des animaux portant leurs tributs à Alexandre-le-Grand, et demanderont d'abord la séparation des coffres-forts ; qu'elles demanderont que, loin d'être amoindrie, l'action de MM. les maires sur cette partie du service public soit étendue et renforcée en souvenir des faits scandaleux de l'époque du choléra ; que les moyens de contrôle et de vérification ne soient pas disséminés avec tant d'art entre des mains diverses, que ce contrôle ne puisse être exercé sérieusement par personne, et que celui qui signe la répartition de la remise (le grand vicaire tresorier) soit justement le seul qui ne reçoive aucune pièce, aucun document de comptabilité; que les vérifications imposées à MM. les maires sur les comptes des paroisses de leur arrondissement respectif, soient rendues réelles et possibles; qu'à cet effet, au lieu d'affranchir les ordonnateurs de la dépendance des maires (1), on les mette exclusivement sous les ordres de ces magistrats; qu'on veuille bien accessoirement s'occuper un peu du sort de ces malheureux ordonnateurs qui arrivent à la vieillesse sans avoir de pain, et pour qui vous proposez des manteaux au lieu de retraites; que les plaintes, les réclamations des familles ne puissent plus être arbitrairement supprimées et laissées sans réponse; et qu'on fasse sur ce point une division d'attributions si bien tranchée, que les esprits

(1) *Préfecture du département de la Seine. Inspection des Pompes Funèbres.*

A Monsieur **BALARD**, ordonnateur particulier du 7ᵉ arrondissement.

« Paris, 5 mars 1849.

« Monsieur, vous paraissez vouloir vous placer dans un « état systématique d'hostilité avec **M.** l'Inspecteur. Je crois « devoir vous avertir que cette situation n'aura pas pour vous « les avantages que peut-être vous croyez en retirer. — *Vous* « *êtes l'agent de la Préfecture*, vous êtes nommé par M. le « Préfet du département, et vous êtes placé *sous l'autorité* « *exclusive de M. l'Inspecteur et de M. le Préfet.* Vos fonc- « tions vous imposent le devoir étroit de porter vos plaintes *à*

13

les plus prévenus ne puissent jamais faire des suppositions injurieuses pour l'administration ; que l'arbitraire des bureaux ne puisse jamais remplacer le texte
écrit du cahier des charges. . . . .

Je m'arrête, on comprendra ma réserve ; j'ajouterai
seulement que si, par la même occasion, les autorités
compétentes pouvaient faire ouvrir au public les caveaux dépositoires que la ville a fait établir pour lui
dans les cimetières, à grands frais, en l'année 1846,
et s'informer des motifs qu'on a eu pour n'en accorder
l'entrée, jusqu'à ce jour, qu'aux personnes qui ont su
l'exiger impérieusement, elles acquerraient de nouveaux droits à notre reconnaissance. Alors on com-
prendrait peut-être pourquoi, après l'arrêté du 7 mars
1846, portant création de ces caveaux, et après leur

« *l'Inspecteur seul*, et, si vous pensez que votre chef commet
« un déni de justice à votre égard, vous devez porter vos récla-
« mations à M. le Préfet. Je vous rappelle la ligne de conduite
« que vous devez tenir, en vous recommandant de vous y con-
« former strictement.—Vos RAPPORTS A M. LE MAIRE DE VOTRE
« ARRONDISSEMENT peuvent avoir pour résultat d'appeler sur
« vous l'attention du chef municipal auprès duquel vous êtes
« placé, mais ils SONT CONTRAIRES A VOS DEVOIRS. — J'ai déféré
« votre conduite à M. le Préfet, qui la jugera.

« Recevez, Monsieur, mes civilités,

« *Signé* FAIVRET. »

Pour copie conforme à l'original entre mes mains.

BALARD.

construction effectuée au vu et au su de tout le monde, *l'arrêté du 14 septembre 1850, au titre VI, en parle comme d'objets qui n'existent pas encore.*

Veuillez agréer, etc.,

BALARD,

Ancien Ordonnateur, Directeur du Bureau de Sépultures et de Transports, Rue Sainte-Croix-de-la-Bretonnerie, 5.

Paris, 4 juillet 1851.

PROJET

DE RÉGIE INTÉRESSÉE APPLIQUÉE AU SERVICE DES INHUMA-
TIONS ET POMPES FUNÈBRES DE LA VILLE DE PARIS.

J'ai exprimé la pensée que, si le service des inhumations et pompes funèbres de la ville de Paris est mis en adjudication dans les circonstances actuelles, l'incertitude des évènements d'une part, et, de l'autre, les innovations considérables que l'on veut introduire dans le futur cahier des charges, exposeraient indubitablement les fabriques à le voir adjuger, pour neuf années, à des conditions qui pourraient être très-préjudiciables pour elles, ou bien à se trouver, avant peu, en face d'une déconfiture, s'il se rencontre un homme assez hardi pour prendre, à un taux élevé, un service qui ne présentera que des chances tout-à-fait inconnues, même pour ceux qui en ont la pratique.

Le mode de régie intéressée appliquée au service des Pompes Funèbres me paraît présenter le moyen de sauvegarder tous les intérêts. La position heureusement exceptionnelle dans laquelle je me trouve me permet d'offrir aux fabriques tous les avantages qu'elles peuvent attendre de ce système, sans un seul des inconvénients qu'elles auraient à en redouter.

Je crois réussir facilement à le démontrer.

Il est tout à fait inutile de parler de la légalité de la mesure que je propose ; les décrets du 23 prairial an XII et 18 mars 1806 ne laissent aucun doute à cet égard. Sans contredit, l'administration et les fabriques ont le droit patent, incontestable d'adopter le mode d'exploitation en régie, si elles y trouvent l'intérêt et la convenance qu'elles ont, non pas seulement la faculté, mais la mission de rechercher. D'ailleurs, ce système n'est-il pas pratiqué, à la satisfaction générale, dans la plupart des grandes villes, telles que Marseille, Nantes, Angers, Orléans, etc., avec des avantages moins positifs et moins considérables que ceux que j'offre aujourd'hui ?

Si l'on objectait qu'en admettant la légalité de la mesure que je propose, ce serait au moins une innovation à l'usage suivi jusqu'ici, il serait facile de répondre qu'à la vérité on n'a pas encore eu à s'occuper d'un pareil système, par la raison bien simple qu'il n'a jamais été présenté avec les garanties, dans les circonstances, et sous la forme où je le produis aujourd'hui. D'ailleurs, l'importance de la mise de fonds nécessite la réunion de plusieurs capitalistes, et l'absence de chances considérables, aussi bien que la restriction des bénéfices, n'offrirait plus un appât suffisant pour la formation d'une nouvelle société.

Voici les objections présentées jusqu'ici contre le système de régie, avec la réponse à chacune d'elles :

Objections contre le système de régie appliqué au service des Pompes Funèbres, et Réponses à ces objections.

OBJECTION. — Difficulté de réunir le capital nécessaire à l'acquisition du matériel et de pourvoir à l'agencement d'un local propre à l'exploitation du service.

RÉPONSE. — Plus de difficulté sur ce point essentiel : je resterais propriétaire du matériel, que je céderais à mon successeur à l'expiration de ma régie ; je conserverais mon local actuel d'exploitation, ou j'en choisirais un autre à mes risques et périls, sans que les Fabriques eussent à s'en préoccuper.

OBJECTION. — Crainte d'engager la responsabilité des Fabriques dans les dépenses d'une exploitation qu'elles n'auraient pas le moyen de surveiller suffisamment et qui pourrait devenir onéreuse pour elles.

RÉPONSE. — Cette crainte disparaît : je me chargerais des frais de toute nature d'exploitation, calculés à peu près sur ceux de l'année 1850, moyennant une somme fixe à forfait. Mes bénéfices consisteraient uniquement dans l'allocation d'une somme proportionnelle à la recette, laquelle, avec l'abonnement des frais d'exploitation, serait prélevée, par douzième, de mois en mois.

Le surplus serait versé aux Fabriques. La comptabilité d'une pareille gestion, d'une extrême simplicité, serait d'ailleurs soumise aux contrôles actuellement en vigueur, et à tous ceux qu'on voudrait y ajouter.

OBJECTION. — Appréhension de voir diminuer entre les mains d'un régisseur, pour défaut d'entretien suffisant, un matériel qui aurait été chèrement acquis.

RÉPONSE. — Il n'y aurait plus lieu d'appréhender que le matériel ne fût pas suffisamment entretenu et qu'il perdît de sa valeur, puisqu'il continuerait à être ma propriété, et que je serais conséquemment plus intéressé que personne à le conserver. Je me soumettrais, d'ailleurs, aux mesures actuellement prescrites par l'administration pour en surveiller l'entretien, et le cautionnement que j'ai fourni demeurerait surabondamment affecté à la garantie de ma gestion.

OBJECTION — Nécessité, ou au moins convenance pour les Fabriques et l'administration d'avoir entre elles et le public un intermédiaire, sur lequel elles pussent se décharger, en quelque sorte, de toute la responsabilité du service et de la spéculation, un bouclier, en un mot, contre lequel vinssent s'émousser les plaintes des familles, plaintes qu'on ne parviendra jamais à éviter, quelque soin qu'on y emploie, tant à cause de l'élévation indispensable du prix des tarifs qu'à cause des innombrables accidents qui se présentent à chaque instant.

RÉPONSE. — La convenance que l'administration et les Fabriques peuvent trouver à être représentées par un entrepreneur, serait conservée : le nom seul changerait ; mais le sens grammatical qui y est attaché continuerait à subsister, puisque le titre de régisseur intéressé que je prendrais me ferait nécessairement assumer, et laisserait planer sur moi, quant à l'exécution du service et à la spéculation qu'il présente, la même responsabilité que celle qui m'atteint comme entrepreneur.

OBJECTION. — Enfin crainte de la part des Fabriques qu'un régisseur n'ait pas pour le maintien des recettes la même sollicitude qu'un entrepreneur.

Réponse — Plus de soucis à cet égard, puisque mes bénéfices devant être proportionnés aux recettes, cette mesure de mon intérêt personnel garantirait, de la manière la plus efficace, celui des Fabriques.

Maintenant que je crois avoir reproduit et réfuté toutes les objections adressées au système de régie, je passe à l'énumération des avantages incontestables qu'il offrirait à toutes les parties intéressées.

Dans le système actuel, à chaque renouvellement de bail, l'entrepreneur est obligé de dépenser une centaine de mille francs pour le déménagement du matériel et l'agencement d'un nouveau local.

Cette dépense serait supprimée, puisque je continuerais l'exploitation dans le local que j'occupe actuellement, et dans lequel ces dépenses ont été faites.

Enfin, les innovations que les circonstances obligent à introduire dans le nouveau cahier des charges pouvant nécessiter, après une expérience plus ou moins longue, certaines modifications, le système de régie intéressée établie sur des bases tout-à-fait différentes de celles sur lesquelles repose une entreprise à forfait, offrirait le moyen d'y remédier facilement, quand la Préfecture et les Fabriques le voudraient.

Quant aux avantages que ce nouveau système présenterait pour le régisseur intéressé, ils sont bien simples et surtout bien modestes.

Certainement les chances de spéculation s'effaceraient ; mais avec elles disparaîtraient aussi les incertitudes et les appréhensions incessantes d'un désastre. Le régisseur intéressé pourrait gagner plus ou moins, suivant les circonstances, mais il serait, pour ainsi dire, assuré de ne pas perdre.

L'entreprise, assise sur cette base, prendrait un caractère de moralité et de loyauté à l'abri de toute attaque, et affranchirait le régisseur intéressé des défiances presque continuelles auxquelles un entrepreneur, quoi qu'il fasse, ne pourra jamais échapper.

Enfin, l'administration et les Fabriques seraient délivrées de l'ennui et de l'alternative où elles sont placées, de voir un entrepreneur faire des bénéfices exagérés aux dépens des intérêts qu'elles représentent, ou de consommer sa ruine en le forçant à exécuter un contrat onéreux.

Je n'ai fait qu'indiquer ici l'ensemble du système que je propose. S'il était agréé, il serait extrêmement facile d'en régler les détails.

A. PECTOR.

Paris, 23 août 1851.

Paris, le 2 mars 1852.

L'ENTREPRENEUR DU SERVICE DES INHUMATIONS

ET POMPES FUNÈBRES DE LA VILLE DE PARIS,

Rue de Miromesnil, 51.

MONSIEUR,

Dans les observations que j'ai eu l'honneur de vous adresser le 3 mai 1851, j'établissais, pages 17 et 18, l'état de situation de l'année 1850, ainsi qu'il suit :

RECETTE.

Montant des Convois.	1,324,728^f	70^c
Inhumations payées par la ville (7^f par corps).	153,468	»
Recette des Bières en volige	55,095	»
TOTAL. . . .	1,533,291	70

DÉPENSE.

Traitement des agents de la Préfecture.	140,700^f	»		
Creusement des Fosses. . . .	12,850	40^c		
Fournitures de la 2e Section. .	114,794	50	755,494	50
Bières en volige.	63,393	20		
Frais de l'Entreprise.	423,756	40		
Reste. . . .			777,797	20
Remises payées aux Fabriques.			757,822	68
Reliquat en faveur de l'Entreprise . . .			19,974	52

Calculant d'après cette remise de. 777,797 20

    J'ajoutais :

Que le projet du Tarif présenté par la ville
devait amener, dans les recettes, une réduction de . . . . 300,000ᶠ »
Et qu'en calculant les bénéfices   400,000 »
de l'Entreprise seulement à. . 100,000 »

Ce serait une somme de quatre cent mille francs
à déduire :

Que, conséquemment, il ne resterait plus aux
Fabriques que 377,797ᶠ 20

Il faut remarquer, en outre, que le produit des Pompes Funèbres, qui naguère encore n'était partagé qu'entre trente-huit paroisses catholiques, le sera bientôt entre
cinquante, lorsque le nombre des douze nouvelles églises, dont plusieurs sont déjà créées, sera entièrement
complété.

Ainsi, d'une part, diminution notable dans l'ensemble
de la recette, et, de l'autre, augmentation de près d'un
tiers dans le nombre des parties prenantes.

Cet état de choses, déjà si peu rassurant pour l'avenir
des Fabriques, menace d'empirer encore, par suite des
réformes bien autrement importantes qu'on parle aujourd'hui d'introduire dane le projet proposé par la
préfecture.

Le retour de la stabilité dans le Gouvernement et
dans les affaires, le rétablissement des titres nobiliaires

et des armoiries dont j'étais privé depuis quatre ans, m'a rendu, comme à tant d'autres, avec la sécurité dans le présent, la confiance dans l'avenir.

Dans cette nouvelle situation, j'accepterais volontiers un renouvellement de bail aux conditions actuellement existantes, avec le même cahier des charges et la même remise de 71.56 p. 100 que je paie en ce moment.

Le Prince Président a déjà, dans plusieurs circonstances analogues, prorogé ou renouvelé des traités pour indemniser les titulaires des pertes que la crise industrielle de 1848 leur avait fait éprouver.

Mais dans le cas spécial où je me trouve, il y a, indépendamment de mon intérêt particulier, celui des Fabriques, dont on ne peut disposer sans leur consentement.

Lorsque j'ai essayé de m'adresser aux Fabriques pour obtenir leur concours, il m'a été répondu qu'elles avaient donné leurs pouvoirs à une Commission chargée de les représenter, et qu'elles ne pouvaient pas, par égard pour cette Commission, agir isolément et en quelque sorte en dehors d'elle.

D'un autre côté, lorsque je me suis adressé aux membres de la Commission, il m'a été répondu : qu'ils avaient reçu des pouvoirs à l'effet d'examiner et de discuter le nouveau cahier des charges et les nouveaux tarifs, mais qu'ils n'avaient pas mission de traiter d'une prolongation et d'intervenir dans les démarches que je pourrais tenter pour l'obtenir.

Ainsi, impossibilité pour l'autorité de disposer de l'intérêt des Fabriques sans leur assentiment ; refus par les Fabriques d'agir isolément, parce qu'elles se croient suffisamment représentées par la Commission qu'elles ont nommée ; enfin, refus par la Commission d'intervenir pour une prolongation, parce qu'elle ne se croit pas instituée pour le demander.

Il résulte du cercle vicieux où l'autorité, les Fabriques et l'Entrepreneur se trouvent aujourd'hui renfermés, que la solution la plus avantageuse, et peut-être au fond désirée par tout le monde, ne peut se faire jour.

En effet, de cette manière l'autorité aurait le temps d'étudier complètement une matière délicate, sur laquelle elle n'a que des notions imparfaites ; les Fabriques ne se trouveraient plus exposées à une ruine éminente, et l'Entrepreneur serait dédommagé des pertes que la crise de 1848 lui a fait éprouver.

Mais, je le répète, une difficulté de forme n'a pas permis, jusqu'à présent, d'entrer dans cette voie.

Il y aurait cependant un moyen bien simple, selon moi, de sortir d'embarras, ce serait que chaque Fabrique voulût bien adresser à Monseigneur l'Archevêque, avec prière de la communiquer à l'autorité supérieure et à la Commission, une déclaration par laquelle elle exprimerait que, sans entendre porter la moindre atteinte aux pouvoirs donnés à ses délégués, elle désire le renouvellement ou au moins la prolongation du bail actuel sur les bases et avec la même remise qui existent aujourd'hui. Mais il faudrait se hâter, car les habiles qui m'ont tant dénigré depuis quatre ans croient déjà ressaisir leur proie; et malheur aux Fabriques si elles retombent jamais entre leurs mains!

Pour moi, si j'échoue dans cette dernière tentative, j'emporterai la satisfaction de penser que jamais la calomnie ne parviendra à effacer le chiffre des remises que les Fabriques auront reçues pendant mon exercice.

Recevez, Monsieur, l'assurance de ma considération la plus distinguée.

A. PECTOR.

M. Anatole-Nicolas Pector fut nommé entrepreneur des Pompes funèbres par arrêté du Préfet de la Seine en date du 23 février 1847, jusqu'au 31 décembre 1852. (5 ans environ.)

Après avoir demandé la résiliation,

Après avoir proposé un projet de régie,

Après avoir demandé un renouvellement de bail, et enfin avoir, par tous les moyens en son pouvoir, prouvé

qu'il se ruinait, le croirait-on, lors de la dernière adjudication (24 novembre 1852), M. Pector a fait offre
d'élever sa remise de 71 fr. 56 c. 0/0 à celle de 74 fr.
60 c. 0/0 !

Comprenne qui pourra une semblable contradiction. M. Pector est décédé le 23 août 1856, laissant,
dit-on, à sa famille une fortune colossale.

Paris, ce 12 juin 1856.

*A MM. les Maires, Commissaires de Police, et à tous ceux
qui, par leur position, peuvent s'intéresser à un service
obscur, mal compris, inconnu, et qui a donné lieu à bien
des plaintes,* — Le service des Inhumations et Pompes
Funèbres de la Ville de Paris.

« MESSIEURS,

« J'ai eu l'honneur, dans plusieurs circonstances,
de vous adresser quelques-uns des nombreux documents que je possède sur le service des Inhumations
et Pompes Funèbres. Ces documents, je les ai recueil-
lis pendant le laps de temps où je remplissais les fonctions d'Ordonnateur : c'est vous dire, Messieurs, qu'ils
ont été puisés à des sources certaines. Aussi, lorsque
je me suis trouvé dans la pénible nécessité de stigma-
tiser des abus, j'ai fait en sorte de ne pas dépasser les
limites de la critique modérée, et n'ai point imité l'a-
mertume et la violence de style dont ne sont pas tou-

jours exemptes les brochures publiées par des hommes qui ont obtenu plus tard le privilège des Pompes Funèbres. Bien plus, un de ces messieurs n'a pas craint de pousser l'étourderie, lors de la dernière adjudication, d'offrir de faire remise aux Fabriques et Consistoires de 74,60 p. 100, tandis que antérieurement, c'est-à-dire lorsqu'il était en possession du privilège, il avait dépensé tout ce qu'il a de verve et de faconde pour prouver en public que la remise de 71,56 p. 100, à laquelle il était tenu, aurait pour effet d'élargir l'ouverture, disait-il, du cratère dans lequel devait fatalement s'abîmer toute sa fortune.

« Explique qui pourra une pareille énormité !

« Quant à moi, mes idées sont tout autres que celles du personnage dont je viens de parler, et le privilège des Pompes Funèbres ne m'apparaît pas comme une mine que le génie du concessionnaire peut rendre plus ou moins productive. C'est avant tout un service public qui exige de grandes garanties d'ordre, une grande décence et beaucoup de dignité; en un mot, c'est un service dont on ne devrait se charger qu'avec l'intention bien arrêtée d'y introduire des améliorations réclamées depuis longtemps. Au lieu de cela, quel est le spectacle auquel nous ont fait assister l'un après l'autre les divers Entrepreneurs qui se sont succédé?

« Les Pompes Funèbres sont devenues dans leurs mains une exploitation purement industrielle, des flancs de laquelle ils ont cherché, par tous les moyens possibles, à faire jaillir des sources aurifères.

« Pour ce qui est des moyens de désinfecter les Corps, et mieux encore de prévenir les Inhumations précipitées, si, chez un individu présumé mort, toutes les sources de la vie étaient réellement bien taries, ce sont choses qui ne méritent pas de fixer l'attention de MM. les Entrepreneurs, et que l'on doit abandonner aux méditations d'un petit nombre de niais peu soucieux de leur fortune.

« Cependant rendons justice à l'Administration : si ses efforts pour faire disparaître de ce service ce qui était l'objet du blâme public n'ont pas été suivis de succès, elle a du moins, en 1847, envoyé de l'autre côté du Rhin une Commission *spéciale* pour étudier les divers modes d'Inhumations pratiqués en Allemagne. Les vœux émis par cette Commission, à la suite des études qu'elle avait été chargée de faire, je les ignore. Mais ce que je sais, ce que je puis affirmer, c'est qu'on aurait pu faire de précieux emprunts à nos voisins d'outre-Rhin, qui, par l'établissement des Chambres-Noires ou lieux de dépôts de Corps, me semblent avoir trouvé le moyen le plus sûr de prévenir les Inhumations anticipées. Cette opinion est celle exprimée par M. le docteur Josat dans un ouvrage qu'il vient de publier et que l'Institut a jugé digne d'un prix. — Inutile ici d'entrer dans l'examen des considérations que M. le docteur Josat cherche à faire prévaloir pour obtenir la révision de la législation qui régit les Inhumations ; cette législation, comme on sait, repose tout entière sur les prescriptions de l'arcle 77 du Code civil. En demandant la révision de cet article, M. le docteur JOSAT a eu sans doute présent à la mémoire les désordres, la confusion et le scandale qui, du 3 juin au 3 juillet 1849, ne cessèrent de témoigner du peu de souci de l'Entrepreneur pour l'accomplissement des obligations à lui imposées par le cahier des charges.

« En effet, au su et au vu de tout le monde, quoique le matériel fût bien reconnu insuffisant pour les besoins du service, l'Entrepreneur le faisait servir à transporter des corps dans les communes des environs de Paris. Ces faits, et d'autres non moins dignes de blâme, la presse de Paris en fit l'objet d'appréciations sévères.

« Mais laissons dans l'oubli ce qu'on pourrait appeler l'habileté de l'Entrepreneur privilégié, et revenons aux mesures qu'il serait bon de prendre pour prévenir les Inhumations anticipées ou les déclarations de décès lorsqu'il n'y a réellement que mort présumée. Je ne répéterai point ici ce que je disais en 1847, dans un Opuscule sur les moyens à employer pour prévenir les cas des inhumations précipitées, parce que, aujourd'hui comme alors, je ne les crois guère possibles. Il en est tout autrement des cas de mort présumée, et à l'appui de cette assertion je peux citer un fait qui se passa dans le premier arrondissement sous l'administration de l'honorable baron CORDIER : les porteurs de cette mairie furent mandés dans une maison de la cour Bony pour mettre un corps en bière, le trouvèrent encore chaud, et l'Ordonnateur prit sur lui de surseoir à l'Inhumation, porta le fait à la connaissance de M. le Maire, et il fut reconnu que cette opération précipitée avait eu lieu sans constatation du décès par l'homme de l'art. Un fait semblable se présenta dans les mêmes circonstances en 1833 rue Saint-Lazare ; au besoin je pourrais citer d'autres faits plus récents sur lesquels j'insistais pour justifier les propositions que je faisais à la Préfecture et qui avaient pour but d'introduire quelques améliorations dans le mode de constatation des décès.

« Je n'insisterai donc pas sur la mise en pratique des mesures adoptées dans un grand nombre de contrées de l'Allemagne, l'appréciation en incombe de droit aux hommes de la science médicale et aux soins non moins empressés des magistrats de la capitale, MM. les Maires, MM. les Commissaires de Police ; d'ailleurs, mes observations écrites traitent des améliorations à introduire dans les règlements des Ordonnateurs et du personnel de l'Administration, ainsi que des moyens propres à leur assurer une retraite ; et tendent principalement à obtenir des réformes capables de garantir les intérêts et l'exactitude dans les fournitures de tout ce qui se rattache aux funérailles des familles inexpérimentées *dans la science des règlements des Convois*, comme on a bien voulu l'appeler, dans un rapport fait à M. le Préfet, le 18 mai 1851, par M. Husson, chef de la 2e division à la Préfecture de la Seine.

« J'ai l'honneur d'être, Messieurs, votre très-humble et respectueux serviteur,

« **BALARD,**

« Ancien Ordonnateur, Directeur du Bureau de Sépultures et Transports de Corps,

« 14, *rue Sainte-Croix-de-la-Bretonnerie.* »

Quelle que soit la répugnance du lecteur de semblables écrits, je ne puis cependant passer sous silence un article publié en 1847, par un journal intitulé Lucifer.

Voici son opinion sur cette matière :

« Malgré la vigilance de l'autorité, malgré les ré-
« vélations de la presse, il est vrai que de graves abus
« existent dans l'administration des Pompes Funèbres.
« L'adjudicataire de ce service abuse ouvertement de
« sa position privilégiée pour spéculer sur les douleurs
« humaines, pour exploiter, dans un but de lucre, les
« sentiments les plus saints.

« L'administration des Pompes Funèbres devrait
« être un service public, dirigé et surveillé par l'au-
« torité municipale, et non un privilège vendu à
« l'enchère à un spéculateur. Des raisons de morale
« publique et d'économie financière prescrivent de
« modifier ou plutôt de changer le régime actuel des
« Pompes Funèbres. Nous aimons à croire que le
« conseil municipal tiendra compte, dans sa prochaine
« session, des salutaires avertissements de la presse,

« et que, le bail de l'adjudicataire actuel une fois ex-
« piré, il ne vendra plus à l'encan l'exploitation d'un
« service aussi saint, aussi pieux. En prenant cette
« tardive initiative, il acquerra un nouveau titre aux
« sympathies et à la reconnaissance des habitants de
« la capitale. La prolongation d'un semblable état de
« choses est indigne de notre siècle et de la métropole
« du monde civilisé. Le clergé lui-même applaudirait
« à une réforme que prescrivent les règles d'une ad-
« ministration sage et prévoyante.

« *Lucifer*, à défaut de l'autorité compétente, se
« propose d'élever une concurrence contre la direction
« privilégiée des Pompes Funèbres ; il fera, à un prix
« considérablement réduit, le même service que cette
« administration. Dans un prochain numéro, il déve-
« loppera le plan qu'il a médité à cet égard, et qui a
« déjà reçu l'approbation *d'hommes éclairés et com-*
« *pétents*. Il est disposé à faire tous les sacrifices
« possibles pour réaliser ce projet, et à ne pas même
« reculer devant un procès dont l'issue démontrera si
« le principe de libre concurrence ne doit pas triom-
« pher d'un monopole rapace et odieux.

« Il n'est pas une famille, ayant perdu l'un de ses
« membres, qui n'ait eu à se plaindre de l'élévation
« du prix d'un convoi. Faisons donc connaître la vé-
« ritable cause de ce résultat général et incontesté.

« L'entrepreneur qui dirige le service des Pompes
« Funèbres est un industriel qui s'est rendu adjudi-
« cataire de ce service moyennant une remise de tant

« pour cent (1) qu'il paie aux fabriques des églises de
« Paris, sur le montant de toutes les sommes qu'il
« reçoit des familles pour les convois et enterrements.
« Or, plus le total d'un convoi que règle cet entrepre-
« neur est élevé, plus grand est son bénéfice, et à
« Paris il se dépense annuellement une somme énorme
« pour les convois.

« L'entrepreneur est donc là, comme on le voit, un
« loueur privilégié de voitures de deuil, un tapissier
« de tentures funéraires, un marchand, enfin, qui
« cherche à fournir le plus de marchandise possible,
« et la remise de son fermage entre dans la caisse des
« fabriques des églises, et non pas, comme on le croit
« généralement, dans la caisse de la ville, qui ne re-
« çoit rien de toutes les sommes dépensées pour la
« pompe des funérailles (2).

« Or, en partant de ce principe que l'entrepreneur
« est un marchand qui cherche à fournir le plus de
« marchandise possible, on en arrive à comprendre
« ces différences énormes qui peuvent exister entre la
« dépense d'un convoi réglé sagement et avec connais-
« sance des tarifs, et celle d'un même convoi confié à

---

(1) 71 fr. 56 c. pour 100 sur les articles de la première
section du tarif;
et 15 fr.   —   sur ceux de la deuxième section.
*— Ce sont surtout ces derniers objets qui doivent fixer l'atten-
tion des familles lorsqu'elles règlent des convois.*

(2) Voir plus loin : privilège des fabriques ; décrets et ordonnances qui ont établi ce privilège.

« la discrétion de cet entrepreneur, de ce marchand.

« Quelques exemples suffiront pour édifier le pu-
« blic : prenons ces exemples dans la première
« classe.

« D'après le tarif qui régit cette matière, une pre-
« mière classe, composée d'une tenture à la porte de
« la maison mortuaire, de l'exposition du corps, du
« luminaire, tentures au portail et à l'intérieur de
« l'église, grand catafalque, baldaquin, etc., etc.,
« corbillard à quatre chevaux avec dix-huit voitures,
« coûte 2,399 francs.

« Comment se fait-il donc qu'une première classe,
« qu'on peut avoir pour 2,399 fr., puisse coûter 6, 7
« ou 9,000 fr., c'est-à-dire trois fois plus cher?

« C'est parce qu'à côté du nécessaire, sagement
« prévu par le tarif, il existe une catégorie d'objets
« dits SUPPLÉMENTAIRES, dans laquelle l'entrepreneur
« puise pour les ajouter aux objets principaux, seuls
« utiles et nécessaires pour l'exécution d'une pompe
« funèbre.

« Appliquons l'exemple au cortège de cette pre-
« mière classe en commençant par le corbillard.

« Le corbillard coûte 250 fr.

« Voici la nomenclature des objets supplémentaires
« que l'entrepreneur a un immense intérêt à ajouter
« au prix principal.

« 4 caparaçons aux chevaux..........   96 f.
« Guides argentées.................   12

Report . . . . 108 f.

« Aiguillettes au cocher et à l'écuyer...   10

« 2 grandes livrées.   30

« 8 écussons en velours sur les panneaux
« et les housses du corbillard, et sur les ca-
« paraçons des chevaux, à 20 fr. l'un (1). .   160

» Total   308

« Le prix principal du corbillard est . . .   250

« L'entrepreneur peut y ajouter en acces-
« soires   308

« Ce corbillard coûtera donc   558

« Passons aux voitures.

« Les dix-huit voitures drapées coûtent
« chacune 15 fr.; voyons ce que peut y
« ajouter l'entrepreneur en puisant toujours
« dans cette catégorie d'objets supplémen-
« taires.

« 72 cocardes aux chevaux, à 4 fr.   288

« 36 crinières à 5 fr.   180

« 18 paires de harnais drapés à 10 fr. . .   180

« 18 aiguillettes aux cochers, à 9 fr. . .   90

A reporter   738

(1) L'entrepreneur a un intérêt tout particulier à fournir des écussons, attendu que sur le montant de ces dépenses il ne rend aux fabriques que 15 pour 100 ; aussi voyons-nous journellement des corbillards sur les panneaux desquels ils sont apposés.

Report.	738 f
« 18 livrées à 15 fr.	270
« 18 guides argentées , à 6 fr.	108
« 36 écussons en velours sur les panneaux	
« des dix-huit voitures, à 20 fr.	720
« 18 housses de siège à franges d'argent,	
« à 8 fr., ...	144
« Total.	1,980

« Le prix principal des dix-huit voitures
« à 15 fr. l'une étant de   270
« L'entrepreneur peut y ajouter en ac-
« cessoires.   1,980

« Ces dix-huit voitures coûteront donc   2,250
« c'est-à-dire 125 fr. par chaque voiture au lieu de
« 15 fr.

« Pour les tentures des maisons, des églises, inté-
« rieurement et extérieurement, les additions d'ob-
« jets supplémentaires peuvent présenter la même
« exagération.

« Ainsi la tenture de porte coûte en première
« classe. . . . .   100 f.

« L'Entrepreneur peut y ajouter :

« Franges intérieures.	30
« Couronnement intérieur à 3 f. le mètre.	45
« Franges extérieures.	24
« 2 paires de rideaux.	48
A reporter.	147

$$\text{Report.........} \quad 147 \text{ f.}$$

« Couronnement extérieur............ 30

« Draperie antique................ 30

« 1 écusson.................... 20

« 4 palmes.................... 20

$$\text{« Total..........} \quad 247 \text{ f.}$$

« Le prix principal de la tenture est de.. 100 f.

« L'Entrepreneur peut y ajouter en acces-

« soires...................... 247

« Le prix de la tenture se trouvera donc

« porté à...................... 347 (1)

« La tenture du portail de l'église présente de sem-
« blables augmentations.

« De même la tenture intérieure, dont le prix prin-
« cipal peut se trouver triplé et au-delà par l'emploi
« de ces objets supplémentaires, etc., etc.

« Ces exemples sont-ils assez saillants ?

« Ce n'est pas seulement pour la première classe
« que ces objets supplémentaires existent, ils peuvent
« servir et servent pour toutes les autres dans des pro-
« portions plus ou moins exagérées, et le talent de
« l'Entrepreneur consiste à les ajouter adroitement au

(1) Toutes ces taxes sont illégalement perçues, et les familles
auraient le droit de se refuser à les acquitter, ou même de
se servir de tel tapissier qu'elles choisiraient, comme cela se
pratique à Londres, où il n'y a point de fournisseur privilégié.

« prix principal de chacune de ces classes, en les in-
« diquant comme convenables, utiles, indispensables
« même à la famille qui, ne comprenant rien à toute
« cette nomenclature, accepte, paie, et le marchand
« a gagné son argent.

« Le tarif avait sagement prévu que les familles
« qui, au moment d'un décès, sont moins en état que
« jamais d'examiner les détails d'un convoi, devaient
« être mises en garde contre la tendance de l'Entre-
« preneur à exploiter leur douleur : le tarif, disons-
« nous, avait exigé que pour l'emploi de ces objets,
« écussons, plaques et autres qui composent la sec-
« tion des fournitures réelles, *la commande fût ré-*
« *pétée en toutes lettres et signée de la famille ou de*
« *son mandataire au bas de la feuille d'ordre ;* mais
« l'exacte observance de cette mesure ne fait pas le
« compte de l'Entrepreneur, et les commandes jour-
« nellement signées par les familles démontrent assez
« comment est éludée cette sage prescription.

« Pourrait-il en effet en être autrement ! Les com-
« mandes sont reçues par les commis de l'entrepreneur
« placés dans les mairies ; ces commis échappent à
« toute surveillance, à tout contrôle, *et, au lieu d'en-*
« *gager les familles à répéter en toutes lettres les*
« *articles qui composent la section de ces fournitures,*
« ils se bornent à faire apposer une signature, et rem-
« plissent eux-mêmes en toutes lettres. La famille, qui
« déjà a signé au bas de la feuille imprimée, signe plus
« haut sur la même feuille sans trop savoir pourquoi ;

« de cette façon, elle se trouve avoir demandé des
« écussons pour cent ou deux cents francs, une plaque,
« une garniture intérieure ou extérieure du cercueil,
« etc., etc., et l'entrepreneur encore a bien gagné son
« argent.

« Si l'on objecte que certains de ces objets dits *sup-*
« *plémentaires* sont d'un usage habituel, et qu'il n'est
« plus permis de les négliger dans un convoi, nous
« répondrons : Que sert à une famille qui a payé 100 fr.
« pour tendre la porte d'une maison mortuaire, que
« lui sert que vous lui ajoutiez pour 247 fr. d'acces-
« soires ; que, sur cette tenture de 100 fr. qui devrait
« être propre, vous placiez une bande de drap qui
« coûte 3 fr. le mètre ; qu'à côté de cette bande de
« drap, vous en ajoutiez une autre que vous appelez
« draperie antique ; qu'enfin vous placiez sur toutes
« ces tentures superposées des palmes et un écusson
« en velours avec le chiffre du défunt ?

« *Tous ces objets sont-ils utiles ?* ÉVIDEMMENT NON :
« et, si nous voyons des tentures dans toutes les classes
« surchargées de ces objets supplémentaires, c'est que
« les familles n'ont pas su ou compris ce qu'on leur
« proposait : c'est que si l'entrepreneur leur avait dit :
« Je mets pour 308 fr. d'accessoires au corbillard
« qui coûte 250 fr., » la famille aurait refusé ces 308
« fr. d'accessoires ;

« C'est que s'il avait dit : « Je mets pour 1,980 fr.
« d'accessoires à vos voitures, dont le prix principal est
« de 270 fr., » la famille aurait refusé ces 1,980 fr.

« d'accessoires ; car, comme la famille sait que pour
« 15 fr. elle peut avoir une voiture, elle ne pourrait
« consentir à payer cette voiture 125 fr. ;

« C'est que s'il avait dit : « Je mets pour 247 fr.
« d'accessoires à la tenture de la porte, dont le prix
« principal est de 100 fr., » la famille aurait refusé
« les 247 fr. d'accessoires ;

« *C'est qu'en réalité la plupart de ces objets sup-*
« *plémentaires ne servent à rien,* et que l'ensemble
« même d'un convoi réglé au gré de l'Entrepreneur
« ne répond pas à la somme énorme que les familles
« dépensent pour honorer dignement la mémoire de
« leurs parents ; c'est que ces objets ne font qu'ajou-
« ter un luxe inutile de décoration à la pompe sévère
« d'un convoi ; c'est qu'en les présentant comme des
« accessoires indispensables à la décence du service,
« l'Entrepreneur prélève sur l'inexpérience et la cré-
« dulité des familles une sorte de contribution forcée.
« Il faut d'ailleurs remarquer que les prix de ces ob-
« jets ne suivent pas la progression établie dans les
« tarifs, de telle sorte qu'on paie ces fournitures aussi
« cher pour un convoi d'une classe inférieure que
« pour un convoi d'une haute classe, et que les fa-
« milles peu aisées se trouvent ainsi souvent entraî-
« nées à dépasser la limite qu'une loi protectrice avait
« voulu mettre à leurs dépenses en fixant un maximum
« de prix pour chaque classe. »

AVIS AUX TAPISSIERS.

« Le propriétaire du *Lucifer* se proposant, ainsi
« qu'il est dit dans l'article plus haut, d'organiser une
« entreprise de Pompes Funèbres pour faire une loyale
« concurrence à l'unique compagnie actuelle, qui, à
« l'aide de son privilège exclusif, rançonne impitoya-
« blement les familles, demande, en conséquence,
« douze tapissiers qui traiteront avec lui pour la four-
« niture des draps mortuaires, tentures, catafalques,
« chiffres et écussons lamés d'argent, harnachements
« de chevaux et voitures. Il accueillera les propositions
« qui lui seront faites à cet égard jusqu'au 1er octobre,
« époque fixée pour la mise en activité de son entre-
« prise. A conditions égales, il fixera son choix sur les
« candidats qui lui présenteront des garanties supé-
« rieures de talent et de probité. Tout en leur assurant
« une légitime et convenable rémunération de leur con-
« cours, il doit les prévenir que le projet qu'il met à
« exécution n'est point conçu dans un but de spécu-
« lation; il a été inspiré par de hautes vues de justice
« et de philanthropie, et il a reçu d'avance l'approba-
« tion des hommes les plus honorables, et par consé-
« quent les plus contraires aux abus.

« Le culte de la mort, de ce qu'il y a de plus saint
« et de plus respectable, doit-il être assimilé à un ob-
« jet de gabelle et d'impôt? Doit-on affermer l'exploi-
« tation des funérailles à un seul traitant qui a la fa-

« culté d'éluder impunément les clauses du cahier des
« charges, et, par des moyens captieux, de hausser à
« son gré le tarif qui lui a été imposé? Telle est la
« question sur laquelle la nouvelle administration ap-
« pellera prochainement une solution solennelle. Peut-
« être succombera-t-elle dans cette lutte de la liberté
« industrielle contre le monopole, du droit contre l'ar-
« bitraire ; mais dans tous les cas, si elle la perdait
« devant les tribunaux, elle la gagnerait à coup sûr
« devant l'opinion, cette conscience incorruptible du
« pays, et le jour du triomphe ne se ferait pas atten-
« dre. On prétextera sans doute les intérêts de la ville,
« la nécessité de ne point priver sa caisse d'un revenu
« considérable ; mais cette objection est prévue ; elle
« est détruite d'avance, en répondant que rien n'empê-
« cherait que toute nouvelle concurrence qui s'élève-
« rait et qui remplirait les formalités voulues par la
« loi, ne fût assujettie à la patente, et, en sus, à un
« droit à percevoir au profit du budget municipal.
« Toutes les familles doivent applaudir à notre initia-
« tive ; elles ne seront plus obligées de passer sous les
« fourches caudines d'un fermier qui spécule ouverte-
« ment sur leur deuil ; et, d'un autre côté, le corps
« d'état des tapissiers ne peut manquer de voir avec
« plaisir de nouveaux débouchés ouverts à son activité,
« tandis que, dans l'état actuel des choses, il est con-
« traint de subir la loi d'un concessionnaire privilégié
« qui n'a d'autre but que de tirer le parti le plus lucra-
« tif de son bail, et, par conséquent, de faire descendre

« au taux le plus bas les prix de ses fournisseurs et de
« tous ses employés. Comme on le voit, les tapissiers
« sont directement intéressés au succès de notre entre-
« prise. Nous croyons donc pouvoir en toute sécurité
« compter sur leur coopération dévouée. »

Certes, Monsieur Vafflard, vous ne voudriez pas, à propos d'un cercueil en chène et plomb fourni par moi, ne vous en déplaise, m'avoir obligé de procéder à l'exhumation de vos écrits sur les Pompes Funèbres, sans que je puisse dire à haute et intelligible voix : Les passages me concernant contenus dans vos deux brochures me forcèrent à en référer à l'administration municipale; mes lettres eurent le sort de tous mes écrits sur cette importante matière. Il existe cependant une plainte dont la forme laisse des traces certaines, et qui constate que vous avez publié sur le service des inhumations, sans aucune espèce d'autorisation de ma part, des documents que j'avais confiés à titre de dépôt à trois de mes chefs seulement. Assez sur ce point, ma réserve sera comprise (Voir la lettre de l'Entrepreneur, en date du 27 septembre 1845, page 20).

Revenant à votre scientifique discussion, je demeure tout étonné que vous ayez omis de citer le décret impérial du 18 août 1811, dont l'article 3 porte :

« L'Entrepreneur *ne pourra* augmenter le total de la dépense
« fixé par chaque classe sous peine de ne pouvoir répéter cet

« excédant, et d'une amende de mille francs (pour chaque con-
« travention). »

Puis l'article 11 du même décret ainsi conçu :

« En cas de contravention de la part de l'Entrepreneur, *notre*
« *procureur impérial* EST TENU *de poursuivre d'office et de faire*
« *prononcer la restitution et l'amende portée à l'article* 3. »

L'impunité des griefs que vous reprochez à l'Entrepreneur du cahier des charges qui vous préoccupe tant,
pourrait bien provenir de l'inobservation de l'article 11
du dit décret.

Passant à un autre ordre de choses qui vous touche
de plus près, par la raison qu'il est notoire que vous
êtes actuellement Entrepreneur des Pompes Funèbres,
me permettez-vous de vous adresser les questions sui-
vantes ?

Comment se fait-il qu'on ait supprimé dans votre
cahier des charges la note mise dans celui de votre
prédécesseur à la suite des tarifs, section des fournitures
réelles, ainsi conçue :

« Les commandes des objets compris dans la section des four-
« nitures réelles devront être répétées en toutes lettres et signées
« de la famille ou de son mandataire au bas de la feuille d'or-
« dre. »

Cependant la Préfecture avait maintes fois rappelé à
l'Entrepreneur que l'exécution rigoureuse de cette note
était la seule garantie des familles contre sa cupidité.

Le paragraphe 2 de l'article 32 du cahier des charges dit :

« La rédaction de ces feuilles (commandes, feuilles d'ordre),
« ainsi que celle des autres imprimés dont l'Entrepreneur aura
« à faire usage avec les familles, sera soumise à l'approbation du
« préfet. »

Comment se fait-il que l'entrepreneur actuel, M. Vafflard, ait pu ajouter à son profit exclusif, au bas de ces
feuilles d'ordre, ces deux articles :

« Frêtes en fer, conformément aux prescriptions de
« M. le préfet de police, en date du 13 mars 1844,
« 16 fr. 20 c. ; poudre pulvérulente de tan et de char-
« bon pilé, conformément à la même ordonnance, 13 fr.
« 80 c., »

Articles qu'il propose et place, surtout le dernier,
sans aucune distinction entre les corps destinés aux
cimetières de Paris et ceux qui doivent être transpor-
tés hors de cette ville, alors surtout que les circulaires
en date du 20 mars 1844 et 11 juillet 1853 ne prescrivent l'emploi de ces objets que pour les transports hors
du ressort de la préfecture, et que l'art. 38 du cahier des
charges défend formellement à l'entrepreneur de les employer, sauf le cas de transport, chacun d'ailleurs étant
libre de faire cette fourniture comme résultant purement
et simplement d'une mesure de salubrité publique.

Ne pensez-vous pas aussi, Monsieur, que l'emploi
abusif de ces poudres étant formellement interdit, il
est, à bien plus forte raison, également interdit à l'entrepreneur de les prôner et d'en réclamer l'emploi au
moyen de prospectus conçus de manière à induire les

familles en erreur, en ce sens qu'elles peuvent croire que la fourniture de ces poudres est obligatoire. L'art. 54 du cahier des charges défend à l'adjudicataire de distribuer ou de faire distribuer des prospectus, adresses ou annonces concernant les entreprises ou objets particuliers non portés aux tarifs. Pourriez-vous soutenir que les imprimés suivants ne sont pas des prospectus, des adresses, des annonces?

N° 49.   Entreprise des Pompes Funèbres de la ville de Paris,

10, RUE ALIBERT.

AVIS AUX FAMILLES.

Il arrive souvent que les corps, après leur mise dans les cercueils, laissent échapper des liquides ou des gaz délétères, soit lors de l'exposition à la maison mortuaire, soit lors du transport à l'église, soit enfin dans l'église même, où les exhalaisons deviennent alors insupportables.

Ces inconvénients graves disparaissent quand le corps, au moment de sa mise dans le cercueil, est placé dans un milieu absorbant capable de neutraliser les émanations.

Il est prudent d'éviter l'emploi du son, dont la partie glutineuse, essentiellement putrescible, hâte la décomposition des tissus organiques.

Pour éviter les inconvénients qui viennent d'être signalés, l'entrepreneur du Service des Pompes Funèbres de la ville de Paris s'empresse d'informer les familles que, conformément à l'ordonnance de M. le Préfet de police, en date du 15 mars 1844, et à la circulaire du 11 juillet 1853, il tient à leur disposition une mixture pulvérulente *blanche* végéto-minérale, *examinée et approuvée* par LE CONSEIL D'HYGIÈNE ET DE SALUBRITÉ de la Seine. Cette mixture a la double propriété d'absorber les liquides et de concentrer les miasmes putrides que les corps laissent échapper.

LE PRIX DE LA FOURNITURE EST DE 13 FRANCS.

S'adresser, pour en faire la demande, aux bureaux des Pompes Funèbres situés dans les mairies, et ouverts de 10 heures à 4 heures, ou au siége de l'Entreprise, 10, rue Alibert, de 7 heures du matin à 8 heures du soir.

Toute commande faite par une famille peut être annulée en prévenant l'Entreprise le jour même où la fourniture doit avoir lieu, mais avant 7 heures du matin.

SERVICE DES POMPES FUNÈBRES DE LA VILLE DE PARIS,

RUE ALIBERT, N° 10.

AVIS IMPORTANT.

Les familles sont priées, lorsque l'inhumation doit être faite dans un caveau en maçonnerie, de s'assurer à l'avance si ce caveau a les dimensions nécessaires pour recevoir le cercueil.

Le Directeur,

LÉON VAFFLARD.

Que l'administration municipale prenne des mesures propres et aptes à empêcher toute espèce d'interruption dans le service, nous y applaudissons ; mais qu'un entrepreneur s'immisce dans une affaire administrative, quand il sait, d'ailleurs, qu'il existe un caveau dépositoire dans chaque cimetière, établi spécialement pour recevoir les cercueils de trop fortes dimensions, alors nous protestons contre de semblables empiétements, qui sont, d'ailleurs, en contravention aux articles 34 et 54 du cahier des charges.

L'art. 54 dit textuellement : « Il est également interdit à l'en-
« trepreneur de s'intéresser ou de s'immiscer, soit directement,
« soit indirectement, dans aucun commerce ou entreprise, *de*
« *quelque nature que ce soit,* relatif aux décès, embaumements,
« sépultures, etc., à peine de déchéance. »

Comment donc se fait-il que vous, Monsieur Vafflard, ayez sollicité le 18 juillet 1856, en votre qualité d'entrepreneur des Pompes Funèbres de Paris, l'entreprise des Pompes Funèbres dans le chef-lieu d'un des départements du Centre?

Vous devez connaître aussi, Monsieur Vafflard, la circulaire suivante, que vous avez adressée dans les départements, dont voici la copie :

Léon VAFFLARD,
Entrepreneur.

ENTREPRISE

DES POMPES FUNÈBRES DE LA VILLE DE PARIS,

10, RUE ALIBERT.

« Monsieur,

« J'ai l'honneur de vous adresser un exemplaire contenant
« quelques renseignements relatifs aux transports de corps en
« France et à l'étranger. Cet exemplaire est accompagné d'un
« dessin de mes voitures : veuillez, je vous prie, en prendre con-
« naissance.

« Dans le cas où une famille ayant un corps à transporter
« s'adresserait à mon entreprise par votre obligeante entremise,
« vous voudriez bien me permettre, Monsieur, de vous offrir,
« par les mains de mon employé, aussitôt son arrivée dans votre
« ville, *une allocation de cinq pour cent* sur le prix total, à titre
« d'indemnité pour les frais, soins ou démarches que le règle-
« ment de ce transport doit vous occasionner.

« Veuillez agréer, Monsieur, mes salutations empressées.

« *Signé :* Léon VAFFLARD. »

L'exemplaire dont vous parlez est surmonté des armes de la ville de Paris, qui ne vous appartiennent certainement pas. Vous avez, à cette occasion, oublié que M. le Préfet de la Seine a défendu à votre prédécesseur de se servir du mot *administration* pour désigner son entreprise, ne voulant pas que le public pût confondre le fermier des Pompes Funèbres avec l'Administration Municipale (1).

Pourriez-vous me dire qui vous a autorisé à supprimer dans les convois certains objets blancs dont on avait l'habitude constante de se servir pour les convois de célibataires ou de jeunes gens, filles ou garçons, et pourquoi vous les fournissez dans les classes supérieures et non dans les autres ? N'est-ce point parce que les draperies rouges, violettes ou bleues dont vous vous servez pour les cérémonies et réjouissances publiques, mariages, etc., ne peuvent, après un certain temps de service, être teintes qu'en noir ?

Pourquoi aussi avez-vous supprimé les garnitures drapées des corbillards des classes inférieures, pour ne fournir qu'une espèce de bandeau frangé ? Tous ces objets étaient en usage depuis plus de quarante ans, et vous étiez obligé de les remplacer tels qu'ils étaient, le cahier des charges vous en faisait une obligation, et d'ailleurs vous les aviez reçus tels de votre prédécesseur.

Lorsque vous aurez eu le loisir de répondre aux questions ci-dessus, j'aurai l'honneur de répondre à mon tour à la sommation que vous m'avez adressée, le 27 août 1856, par acte extra-judiciaire, sommation restée sans effet jusqu'à présent, bien que, sur un avis qui vous a été donné, vous m'ayez menacé de me poursuivre dans les vingt-quatre heures. Par qui et à raison de quoi cet avis vous a-t-il été donné ? Ce sont deux questions qu'il importerait de résoudre.

(1) Voir la Lettre du Préfet de la Seine dont parlé l'Entrepreneur, page 92, § 3.

Je ne terminerai pas, Monsieur, sans vous dire que vous avez sans nul doute calculé ce que peut vous rapporter la poudre végéto-minérale. Le public, notre grand juge à tous, doit être édifié sur ce bénéfice prélevé, comme vous le dites vous-même, sur son inexpérience ; ce bon public, qui paie si bien, a aussi, je le pense, le droit de savoir à combien peut s'élever cette contribution forcée. — Des chiffres vont le démontrer :

Vous vous dites autorisé à prôner vos poudres et à les fournir.

Ce principe admis pour un *convoi* est applicable à tous.

D'après le rapport de M. Husson, du **18 mai 1851**, il se fait à Paris, par an, **24,877** *Convois.*

Inhumations, ci.....................	24,877
Exhumations, environ..	4,000
Transports hors Paris, environ........	3,000
Total par an.........	31,877
Multiplions ce chiffre par le prix de vos poudres...........................	13^f 80^c
Produit d'une année...................	439,902 60
Multiplié par 9 ans de bail, ci.........	9 ans
Nous donne un total de............	3,959,123 40

C'est donc près de quatre millions que, par de hautes vues de justice et de philanthropie, approuvées par les hommes les plus honorables (comme dit *Lucifer*), vous prélèveriez sur les habitants de Paris, s'ils avaient tous

la bonhomie de croire à l'efficacité de votre sciure de
bois, tant vantée par votre immense publicité, inventée
pour votre profit exclusif, puisque cet article n'étant et
ne pouvant être porté sur le cahier des charges, ne
donne lieu à aucune espèce de remise; et vous donne
avis, Monsieur Vafflard, que depuis le 14 juillet 1852,
je paie au Gouvernement un brevet pour la conservation temporaire des corps, dont l'efficacité est certifiée par
un nombre considérable de pièces authentiques. Ces résultats obtenus, j'ai le 14 juillet 1853, également par
brevet, obtenu le droit exclusif de la conservation perpétuelle des corps par le même principe. Personne donc
ne peut trouver mauvais qu'à la suite des améliorations
qui ne sont certes pas de moi, mais bien au progrès
de la science, j'émette le vœu ici d'examiner de nouveau les motifs des arrêtés de M. le Préfet de police en
date des 20 mars 1844 et 11 juillet 1853, surtout si l'on
considère qu'on peut opérer aujourd'hui en 24 heures
un transport qui, autrefois, demandait 24 jours de
temps.

BALARD,

Ancien ordonnateur des convois de la ville de
Paris, Directeur du Bureau de sépultures et
transports, rue Sainte-Croix-de-la-Bretonnerie, 14.

Paris, le 14 juillet 1856.

tion, extraction ni profanation; la piété des familles, ainsi que les prescriptions légales se trouvent satisfaites Au besoin, l'une des différentes applications de ce système fait disparaître à l'instant les mauvaises odeurs. Le pauvre comme le riche peuvent en faire usage *Brevet* s. g. d. g.

Emploi des objets nécessaires aux funérailles. — **Suppression** des frais inutiles. — **Contrôle** des dépenses. — **Vérification** du personnel et du matériel non fournis, sales ou incomplets. — **Réclamations** et **Restitutions**. — **Transports** au-dessous des tarifs de l'Entreprise des Pompes funèbres. — **Choix** des moyens de transports ; l'Entreprise des Pompes funèbres n'a jamais eu le privilége de les faire : persuader le contraire est un abus de confiance. — **Fourniture** de Cercueils hors Paris à 50 pour 0/0 de rabais.

Il est également utile de faire connaître aux familles qu'il est **interdit** à l'Entrepreneur, sous peine de **déchéance**, de s'occuper de **Monuments** et **Embaumements**, et qu'il arrive souvent que, pour retarder une inhumation ou transporter un corps, on est dans la nécessité de s'astreindre à des dépenses considérables pour **l'Embaumement** et l'emploi des Cercueils en sapin, chêne et plomb, afin d'éviter les inconvénients graves des émanations, soit aux maisons mortuaires, soit dans les églises ou dans les divers trajets.

GUIDE DES FAMILLES.

Les efforts que fait l'Administration municipale pour délivrer les Familles de visites, offres et obsessions de toute nature et de toute part, sans en excepter les préposés de l'Entreprise et l'Entrepreneur lui-même, qui ne doivent se présenter aux maisons mortuaires que sur la demande des parents, m'ont inspiré la publication du *Guide des Familles*, pour le réglement des Convois, avec les Tableaux où sont représentées les diverses classes, les prix et conditions fixés par le cahier des charges, qu'il est si important de connaître pour se rendre compte de toutes les dépenses en général et choisir un Service à sa convenance avant d'en arrêter la commande, seul moyen encore d'éviter les obsessions dont se préoccupe avec tant de sollicitude l'Administration municipale.

Bureaux ouverts tous les jours et à toute heure.

(Écrire franco à Paris.)

GUIDE DES FAMILLES

POUR

LE RÉGLEMENT GÉNÉRAL DES CONVOIS

D'APRÈS LE CAHIER DES CHARGES HOMOLOGUÉ LE 2 OCTOBRE 1852,

AVEC

LES TABLEAUX DES DIFFÉRENTES CLASSES

PAR

M. BALARD,

ANCIEN ORDONNATEUR DES CONVOIS DE LA VILLE DE PARIS, DIRECTEUR DU BUREAU
DE SÉPULTURES ET TRANSPORTS DE CORPS.

. . . . . « Un bureau particulier bien dirigé, est un contrôleur utile, un
» modérateur nécessaire à la cupidité de l'entrepreneur des
» pompes funèbres et de ses agents. »

M. le Préfet de la Seine, en 1845.

» Un Bureau comme le nôtre n'a pas intérêt, comme l'entrepreneur
» des Pompes funèbres, à faire doubler le prix des convois par
» l'emploi de quantité d'objets entièrement inutiles.

» C'est ce qui explique pourquoi les préposés de cet entrepreneur,
» placés dans les mairies, font tous leurs efforts pour détour-
» ner les familles de s'adresser à notre Etablissement.

» Il y a donc lieu de se tenir en garde contre les insinuations ou
» les avis officieux et *intéressés* de ces employés.

» Il n'est pas une famille ayant perdu l'un de ses membres, qui
» n'ait eu à se plaindre de l'élévation du prix d'un convoi. »

L. Vafflard, Entrepreneur actuel.

PARIS

Rue Sainte-Croix de la Bretonnerie, 14.

1856

EXPLICATION DES TABLEAUX.

Chaque classe désignée par son numéro d'ordre réunit, à sa suite, les divisions qui la composent, et qui, à l'exception du Cortége, pourront ou être prises ou laissées.

1° Le Cortége qui fixe la classe;

2° La Cérémonie a l'Église (par exception on peut choisir cette division dans une classe inférieure ou supérieure);

3° La Tenture de la porte de la maison avec exposition, ou l'exposition seulement pour les classes inférieures;

4° La Tenture du portail de l'Église ou du Temple;

5° La Tenture intérieure   idem   à partir de la 5e.

Ensuite, sous ce mot supplément, sont désignés, par articles indivisibles, tous les autres objets au choix, selon la pompe à donner au convoi.

De plus, un chapitre final indique d'autres objets applicables à toutes les classes.

Plusieurs dessins de tentures sont à double effet. L'effet de droite indique la tenture simple; l'effet de gauche indique l'addition d'un article supplémentaire. — *Aucune espèce de tenture n'est obligatoire.*

Le chiffre des classes sera réduit du prix des objets non admis par les Cultes Protestant et Israélite.

BALARD,

Ancien Ordonnateur des Convois de la ville de Paris,

RUE SAINTE-CROIX DE LA BRETONNERIE, 14.

Paris. — Imp. Beaulé, rue Jacques de Brosse, 10.

DU RÉGLEMENT GÉNÉRAL DES CONVOIS.

Le mandat pour ce réglement résulte d'un ARRÊTÉ du préfet de la Seine en date du 27 septembre 1844, approuvé par M. le ministre de l'intérieur, d'un ARRÊTÉ du Conseil de préfecture du 11 août 1845 et d'un ARRÊTÉ du Conseil d'État du 6 mai 1848.

On trouve, à la suite du Rapport fait au Préfet par M. Husson, chef de la deuxième division, le 18 mai 1851, dans la colonne des motifs des changements faits au Cahier des charges homologué le 11 septembre 1842, à l'art. 32, page 108 du Rapport : « *Les termes du premier paragraphe ont donné lieu, au commencement de l'entreprise actuelle (1843), à une difficulté aujourd'hui tranchée, dans le sens* SOUTENU *par l'Administration, par* ARRÊTÉ *du Conseil d'État du 6 mai 1848.* » (Recueil des arrêts, année 1848, page 266.)

TRANSPORTS HORS PARIS.

Article 2 du Cahier des charges, § 2 :

Mais, si le transport a lieu de la Maison mortuaire ou de l'Église à la barrière sans aucune cérémonie extérieure et dans une *voiture fermée*, il peut être effectué librement par les familles qui ont la faculté de faire usage du véhicule qui leur convient, pourvu que *la décence et l'ordre public soient respectés.*

Le motif placé à la suite du même Rapport de M. Husson au Préfet, le 18 mai 1851, page 99, est ainsi conçu :

« *L'article (2) a dû être mis en harmonie avec le* DROIT *existant relativement aux transports à l'extérieur. La rédaction, trop peu explicite du Cahier des charges actuel (1843), a donné lieu, en plusieurs circonstances, à des difficultés fort pénibles pour les familles, et qu'il convient d'*ÉVITER A L'AVENIR.

CONSEILS AUX FAMILLES.

Décès.

Un parent ou toute autre personne déléguée doit s'empresser d'aller à la Mairie en faire la déclaration, munie d'une note contenant tous les renseignements nécessaires sur l'état civil du défunt. — Bureau ouvert de 9 heures à 4 heures.

Constatations.

Un médecin vérificateur des décès se rend au domicile où il rédige son rapport en double qu'il remet à la famille.

Acte de Décès.

Deux témoins se rendent ensuite à la Mairie avec les rapports du médecin pour y signer l'acte de décès; si c'est un enfant mort né, le père et la sage-femme doivent être présents.

Réglement du Convoi.

Un préposé de l'Entreprise des pompes funèbres, placé dans chaque Mairie, reçoit la commande qu'on lui dicte selon la classe du convoi dont la famille a fait choix d'avance, au moyen de ces tableaux destinés à la guider dans ses dépenses. — *Les tentures ne sont pas obligatoires.*

Taxe Municipale, Concessions.

Ces formalités remplies, on revient au bureau des décès acquitter la taxe municipale, où l'on délivre les Concessions de cinq ans pour le Cimetière de l'arrondissement seulement.

Toute autre concession est délivrée à la Préfecture de la Seine. Dans ce cas, il est indispensable de produire la quittance de la taxe municipale (voir *le Tarif des Concessions*).

Cérémonie Religieuse.

L'heure de l'inhumation étant donnée par la Mairie, il reste encore à régler le Convoi à l'Église. Ici, par une sage et prudente prévoyance facile à comprendre, le Cahier des charges dit : *Les familles ne sont pas obligées de prendre la même classe pour les deux services.* En effet, nous reconnaissons que la solennité, la dignité sont plutôt dans le service de l'Église que dans les démonstrations de luxe des pompes funèbres.

Exemple : la première classe coûte à l'Église, matériel compris, 856 fr., tandis que cette même classe, non compris les cercueils et autres, coûte aux Pompes funèbres 6,288 fr.; la différence dans la deuxième classe est de 2,028 fr. 50 cent. Nous conseillons aux familles, pour établir un équilibre aussi rationnel que convenable, de prendre à l'Église une classe supérieure à celle des Pompes funèbres.

L'entrepreneur ayant l'avantage de régler le premier, nous avons cru être utile aux familles en leur donnant le moyen d'examiner au préalable toutes les dépenses qu'elles ont à faire.

DES CHARGES.

L'Entreprise du service général à faire dans la ville de Paris comprend :
1° Le service ordinaire réglé par l'Administration.

SERVICE ORDINAIRE.

CHAR ROND, DRAP MORTUAIRE................ » » ⎫
TAXE municipale...................... 6 » ⎬ 6 »
CERCUEIL (voir *le Tarif*).

Ce convoi est GRATUIT pour toute famille inscrite au bureau de bienfaisance ou sans ressources reconnues, d'après justification au Maire de son arrondissement.

Église.

SIMPLE PRÉSENTATION. Le corps est reçu à l'Église par le prêtre qui lui donne ses prières et ses bénédictions GRATUITEMENT.

Les familles ont le droit de demander le drap mortuaire blanc ou noir.

L'article 11 du décret impérial du 11 août 1811 porte : « En cas de contravention de la part de l'entrepreneur, notre procureur impérial est TENU de poursuivre d'office et de faire prononcer la restitution et l'amende portée à l'article 3. »

Réclamations.

En cas de réclamation fondée, les familles peuvent s'adresser à leur Maire respectif.

Le service extraordinaire, tel qu'il sera commandé par les familles :

NEUVIÈME CLASSE.

CHAR ROND. . . . . » » ⎫
DRAP MORTUAIRE. . . . . 3 » ⎬ 9 »
TAXE municipale . . . . 6 » ⎭
CERCUEIL (voir *le Tarif*).

Exposition.

Lorsque le délai qui doit s'écouler entre l'heure de la déclaration du décès et celle de l'inhumation permet l'exposition, sur la demande de la famille, deux tréteaux et le drap mortuaire sont fournis GRATUITEMENT.

Église.

MESSE BASSE, un vicaire, un prêtre, en tout six ⎫
personnes. . . . . 8 25 ⎬ 9 75
LUMINAIRE, ORNEMENTS. . . . . 1 50 ⎭

Commandes.

Les préposés de l'Entreprise, dans chaque Mairie, sont obligés de recevoir les commandes telles qu'elles sont dictées par les familles ou leurs fondés de pouvoir. Toute commande qui n'a pas eu un commencement d'exécution peut être annulée. Tout article non fourni doit être remboursé. S'il y a désaccord sur certains articles exigés, ou sur les prix, le Cahier des charges doit être produit à l'appui.

Art. 5 du Cahier des charges. Les personnes décédées au-dessus de l'âge de sept ans sont accompagnées de quatre porteurs et précédées d'un ordonnateur des convois.

HUITIÈME CLASSE.

CORBILLARD à panneaux vernis................ 12 » ⎫
DRAP MORTUAIRE galonné en fil............... 3 » ⎬ 25 »
TAXE municipale........................ 10 » ⎭
CERCUEIL (voir *le Tarif*).

SUPPLÉMENT.

CHEVAUX BLANCS........................ 10 »

Exposition.

2 TRÉTEAUX, 2 CHANDELIERS, 2 SOUCHES avec Bougies, CROIX, BÉNITIER et DRAP MORTUAIRE PAYÉ AU CORTÉGE........ .... 7 »

Église.

MESSE BASSE, 1 Vicaire, 2 Prêtres, en tout sept
personnes................................ 10 » ⎫ 15 »
LUMINAIRE, ORNEMENTS................... 5 » ⎭

TARIF DES CERCUEILS AU CHOIX POUR TOUTES LES CLASSES.

ORDINAIRES.		EN SAPIN.	
Jusqu'à 2 ans..........	2 »	Jusqu'à 1 an...........	6 »
De 2 à 5 ans..........	3 »	De 1 à 3 ans..........	9 »
		De 3 à 7 ans..........	12 »
Au-dessus, à 5 pans......	5 »	De 7 à 15 ans.........	15 »
		De 15 à 20 ans........	18 »
— à 6 pans......	6 »	De 20 ans et au-dessus...	20 »
De la plus forte dimension.	8 »	Boîte de 1 mètre pour exhumation..........	7 »

CONCESSIONS DE TERRAINS.

TEMPORAIRE ou de 5 ans, prix...................... 50 »

RENOUVELLEMENT (exhumation)...................... 50 »

REMBOURSEMENT des 50 fr. si, dans la première année, la TEMPORAIRE est échangée contre une CONDITIONNELLE ou PERPÉTUELLE.

SEPTIÈME CLASSE.

CORBILLARD à panneaux vernis, garnitures et housses des chevaux, frangées en fil blanc............... 22 »
DRAP MORTUAIRE en drap frangé et galonné en fil... 5 »   } 37 »
TAXE municipale............................... 10 »
CERCUEIL (voir *le Tarif*).

SUPPLÉMENT.

Une Voiture vernie................................... 15 »
Chevaux blancs .... 10 »

Église.

MESSE BASSE, 1 Vicaire, 3 Prêtres, en tout huit personnes...................................... 13 »   } 20 »
LUMINAIRE, ORNEMENTS, etc................... 7 »

SUPPLÉMENT.

Conduite du Prêtre au Cimetière...................... 10 »
Conduite hors du Cimetière de la Paroisse.............. 13 »
Conduite hors Paris (selon la distance).
Une volée de cloche, matin et soir..................... 5 »
Chaque volée en sus................................ 2 50

Maison mortuaire.

TENTURE de la porte, pièce de fond à croix, 4 Chandeliers,
4 Souches avec Bougies, Croix, Bénitier.................... 25 »
Drap mortuaire payé au Cortége.

SUPPLÉMENT.

Bandeau frangé galonné en fil, et Socle pour le Bénitier...... 6 »
Charpente... .... 6 »
4 Cierges au lieu de Souches................................. 6 »
   La 7ᵉ classe n'a pas de tenture à l'Église.

SIXIÈME CLASSE.

CORBILLARD à panneaux vernis, garnitures et hous-
ses des chevaux, *frangées et galonnées en argent*.. ..... 27 » }
DRAP MORTUAIRE en drap noir idem............ 8 » } 50 »
TAXE municipale...................... 15 » }
CERCUEIL (voir *le Tarif*).

SUPPLÉMENT.

Une VOITURE vernie........................ 15 »
CHEVAUX BLANCS........................ 10 »
HOMME de deuil , chacun .... 4 »

Église.

MESSE CHANTÉE, M. le Curé, 1 Vicaire, 4 Prêtres,
Chantres, Serpent. .... 34 50 }
LUMINAIRE, 6 Cierges à l'autel, et autour du corps } 51 50
6 cierges avec les chandeliers.................. 12 » }
ORNEMENTS, CROIX, etc................. 5 » }

SUPPLÉMENT.

CONDUITE du prêtre au Cimetière................ 10 »
HORS DU CIMETIÈRE de la Paroisse.............. 13 »
HORS PARIS (selon la distance).
VOLÉE D'UNE CLOCHE matin et soir............ 5 »
CHAQUE VOLÉE en sus................. 2 50

Maison mortuaire.

TENTURE de la porte et pièce de fond à croix galonnée en argent, 6 Chandeliers, 6 Souches et Bougies, Croix, Bénitier, Socle, Estrade simple.. 41   »

Drap mortuaire payé au Cortége.

SUPPLÉMENT.

Bandeau frangé, galonné en fil à la tenture................. 6   »

6 Cierges remplaçant les Souches..................... 9   »

Un Prêtre veilleur (24 heures)..................... 15   »

Luminaire des veilles.

Charpente.. 6   »

Église ou Temple.

TENTURE du portail sans aucun ornement................. 12   »

CINQUIÈME CLASSE.

CORBILLARD à galerie bronzée et panneaux drapés,
la garniture et les housses des chevaux frangées et ga-
lonnées en argent.................................. 38 »
DRAP MORTUAIRE en drap idem................. 9 »
Une VOITURE drapée........................... 20 »
TAXE municipale............................... 20 »
CERCUEIL (voir *le Tarif*).

{ 87 »

Catafalque.

(Si l'on va à l'église.)

ESTRADE à 2 gradins, 12 Chandeliers, Tapis, et Drap mortuaire à croix en drap noir........................... 36 »

SUPPLÉMENT.

Deux autres Voitures dont une vernie, Livrée du Cocher, ga-
lonnée en argent, guides argentées....................... 56 »
Chevaux blancs..................................... 12 »
Écusson, Chiffres brodés sur drap, chaque................ 6 »
Homme de deuil, chacun.............................. 4 »
Manteau de deuil, chaque............................. 4 »

Église.

GRAND'MESSE, Diacre et Sous-Diacre, M. le Curé,
2 Vicaires, 6 Prêtres, 2 Chantres, Serpent, etc., et
Conduite du Prêtre au Cimetière 64 75
LUMINAIRE, 6 Cierges à l'autel, 12 autour du corps,
Ornements, etc.................................. 80 »
} 144 75

OFFRANDE (volontaire).

SUPPLÉMENT.

Faux Bourdon....................................... 20 »
Conduite du Prêtre hors du Cimetière de la Paroisse.......... 3 »
Hors Paris (selon la distance).
Volée d'une cloche, matin et soir.................... 5 »
Chaque volée en sus. 2 50

Maison mortuaire.

TENTURE de la porte, avec bandeau frangé et galonné en fil,
estrade à 2 gradins, tapis, pièce de fond à croix, galonnée en
argent, 8 Chandeliers, 8 Souches, Croix, Socle avec Housse, idem
pour le Bénitier.................................. 66 »

SUPPLÉMENT.

Rideaux frangés et galonnés en fil, Patères, Embrasses et
Coussin en drap galonné en argent pour le Crucifix........... 18   »
  Écussons, chaque.................................   8   »
  Coussin pour les pièces d'honneur avec crèpe............. 10   »
  Quatre Glands pour coins du drap..................... 10   »
  Cierges remplaçant les Souches........................ 28   »
  Un Prêtre veilleur (24 heures)...................... 13   »
  Luminaire des veilles.
  Charpente...........................   6   »

Église ou Temple.

TENTURE du portail avec bandeau frangé et galonné en fil. 25   »

SUPPLÉMENT.

Rideaux frangés et galonnés en fil, Patères, Embrasses.... 12   »
Piédestal pour les insignes..................... 12   »
Écussons, chaque............................ 12   »

TENTURE INTÉRIEURE, Maximum susceptible de réduction
selon la grandeur de l'Église........................... 100   »
  On peut demander l'une ou l'autre de ces deux Tentures, les Tentures
n'étant pas obligatoires dans aucune classe.

QUATRIÈME CLASSE.

CORBILLARD à galerie bronzée, avec garniture en drap *frangée et galonnée en argent, Caparaçons* et Livrée du Cocher, id. galonnés, guides argentées, *Maître de cérémonies*. . . . . 139 » ⎫
DRAP MORTUAIRE parsemé d'étoiles. . . . . 15 » ⎪
Quatre VOITURES dont 2 drapées. . . . . 70 » ⎬ 254 »
TAXE municipale. . . . . 30 » ⎪
CERCUEIL (voir *le Tarif*). ⎭

Catafalque.

(Si l'on va à l'église.)

ESTRADE à 3 gradins, TAPIS, 16 CHANDELIERS, et Drap mortuaire à croix, étoiles et franges en argent. . . . . 56 »

SUPPLÉMENT.

Une VOITURE vernie en plus, Aiguillettes pour les cochers, barres ornées. . . . . 51 »
CHEVAUX BLANCS. . . . . 12 »
ÉCUSSON avec chiffre brodé, chaque. . . . . 6 »
HOMME de deuil, chacun. . . . . 4 »
MANTEAU de deuil, chaque. . . . . 4 »
Un OFFICIER en manteau portant les pièces d'honneur. . . . . . . 8 »
TROPHÉE de drapeaux, chaque. . . . . 12 »

Église.

GRAND'MESSE, Diacre, Sous-Diacre, M. le Curé,
2 Vicaires, 10 Prêtres, 2 Chantres, Serpent, Faux-
Bourdon et Conduite du Prêtre au Cimetière......... 96 75
LUMINAIRE, 10 Cierges à l'autel et 16 autour du
corps.................................. 78 »   } 204 75
ORNEMENTS............................ 30 »
OFFRANDE (volontaire).

SUPPLÉMENT.

CHANT dit CONTREPOINT, avec une VOLÉE D'UNE CLOCHE à l'entrée
et à la sortie.................................. 45 »
CONDUITE hors du Cimetière de la Paroisse................. 3 »
CONDUITE hors Paris (selon la distance).
VOLÉE D'UNE CLOCHE matin et soir................. 5 »
CHAQUE VOLÉE en sus.................. 2 50

Maison Mortuaire.

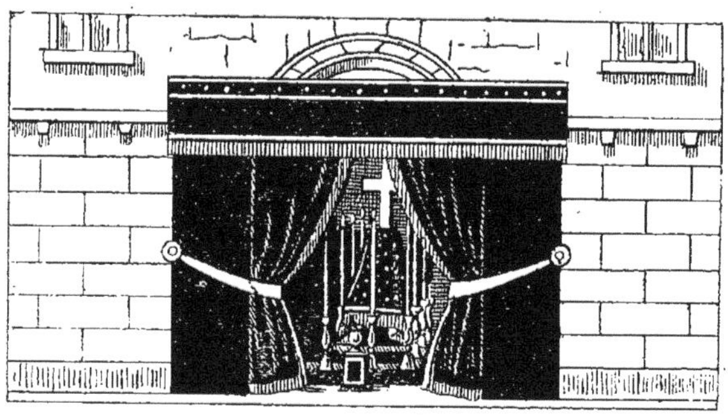

TENTURE de la porte, avec bandeau frangé et galonné en fil,
et rideaux frangés idem, Ornement couronnant la tenture, Estrade à 2 gradins, Tapis, 10 Chandeliers, 10 Souches avec Bougies,
pièce de fond à croix galonnée en argent, Croix, Bénitier,
Socle, etc,... 96 »
DRAP MORTUAIRE PAYÉ AU CORTÉGE.

SUPPLÉMENT.

Coussin galonné en argent pour le Crucifix.......... 6 »
Écusson avec chiffre brodé, chaque................. 8 »
Piédestal pour les insignes..................... 12 »
Coussin pour les poser, galonné en argent, et crèpe........ 12 »
Quatre Cordons avec glands pour les coins du drap........ 10 »
Cierges remplaçant les Souches.................. 35 »
Un Prêtre veilleur (24 heures)................... 15 »
Luminaire des veilles.
Charpente...... 9 »

Église ou Temple.

TENTURE du portail avec bandeau et rideaux frangés et galonnés en fil, Ornement couronnant la tenture, Patères et Embrasses...................... 54 »

SUPPLÉMENT.

Écussons avec chiffre brodé, chaque............. 12 »
Piédestal pour poser les insignes............... 12 »

Tenture intérieure (*selon la dimension de l'église*).

Maximum............................ 240 »

SUPPLÉMENT.

Franges et Galons à la Tenture, Maximum........ 72 » }
Et 40 Housses noires pour chaises............. 30 » } 102 »

TARIF DES CERCUEILS

APPLICABLE A TOUTES LES CLASSES.

EN CHÊNE			EN PLOMB.
ORDINAIRE.	FORT.		
12	18	Jusqu'à un an.................	50
15	25	De 1 à 3 ans.................	70
20	30	De 3 à 7 ans.................	87
27	40	De 7 à 15 ans.................	120
34	47	De 15 à 20 ans.................	150
44	60	De 20 ans et au-dessus.........	200

PLAQUES.

	De 0,10 sur 0,16.	Au-desssus.
En plomb.............................	8	16
En cuivre.............................	12	30

Tarif des Concessions de Terrains.

CONDITIONNELLE, un tiers comptant........................ 151 85

Dix ans de délai pour se libérer et la rendre PERPÉTUELLE, à défaut : EXPROPRIATION SANS INDEMNITÉ. La totalité exigible à la deuxième inhumation, si des cases ont été disposées.

PERPÉTUELLE, au comptant, prix........................ 526 50
On a le choix de l'emplacement.

S'adresser à la Préfecture de la Seine, muni de la quittance de la taxe municipale.

TROISIÈME CLASSE.

Prix total par division.

			SUPPLÉMENT.
CORBILLARD avec galerie bronzée, garniture ornée d'étoiles, franges et galons en argent, drap mortuaire en velours, franges à torsades...............	407	»	67 » Une voiture drapée en plus et guides argentées pour chaque.
CATAFALQUE..............	244	»	
CÉRÉMONIE religieuse......	297	»	48 » Chant dit Contrepoint, un prêtre de plus au cimetière.
TENTURE DE LA PORTE de la maison mortuaire......	455	»	28 » Ornement en argent couronnant la Tenture, coussin en velours.
TENTURE DU PORTAIL de l'Église ou du Temple.....	102	»	
TENTURE INTÉRIEURE de l'Église ou du Temple.....	513	»	182 » Franges et galons à la Tenture, tapis de pied.
	4,690	»	325 »

Cette classe a, comme la précédente, d'autres articles de supplément qui sont à peu près les mêmes, sauf le prix.

DEUXIÈME CLASSE.

Prix total par division.

Corbillard attelé de 2 chevaux, à galerie argentée, avec garniture pareille à celui de la 1re classe, drap idem et 8 voitures.	870	»		**SUPPLÉMENT.**

Corbillard attelé de 2 chevaux, à galerie argentée, avec garniture pareille à celui de la 1re classe, drap idem et 8 voitures.	870	»	56 »	Une voiture de plus.
Catafalque.	280	»	80 »	4 candélabres.
Cérémonie religieuse. . . .	553	»	80 »	Lumières des candélabres, 4 lustres, 2 girandoles.
Tenture de la porte de la maison mortuaire. . . .	303	»	64 »	2 candélabres avec flammes, bandeau pour le dessus de la porte.
Tenture du portail (Eglise ou Temple).	118	»	30 »	Draperie à l'antique.
Tenture intérieure (maximum réductible).	754 50		246 »	Ornement à la Tenture, 20 couvertures de stalle de plus, 200 mètres de tapis au lieu de 100.
	2,878 50		556 »	

Cette classe a aussi d'autres articles de supplément, et en plus grand nombre que la précédente.

PREMIÈRE CLASSE.

Prix total par division.

Corbillard attelé de 4 chevaux, cocher et un postillon, galerie argentée, garniture avec broderie, glands et brides en argent, 10 voitures...	1,298	»	413	»	Six chevaux au lieu de 4, 4 voitures en plus.
Catafalque............	670	»	250	»	Baldaquin.
Cérémonie religieuse....	786	»	70	»	Pour luminaire.
Tenture de la porte de la maison mortuaire....	459	»	40	»	4 candélabres au lieu de 2.
Tenture du portail de l'Eglise ou du Temple...	168	»		»	Néant.
Tenture intérieure (maximum réductible).....	555	»	1,470	»	Litre en velours frangé, palmes, stalles couvertes et tapis.
	4,936	»	2,428	»	

SUPPLÉMENT.

—

Autres articles de supplément plus variés et d'un prix plus élevé.

BRANCARDS POUR ENFANTS JUSQU'A 7 ANS.

Service Ordinaire.   Neuvième Classe.

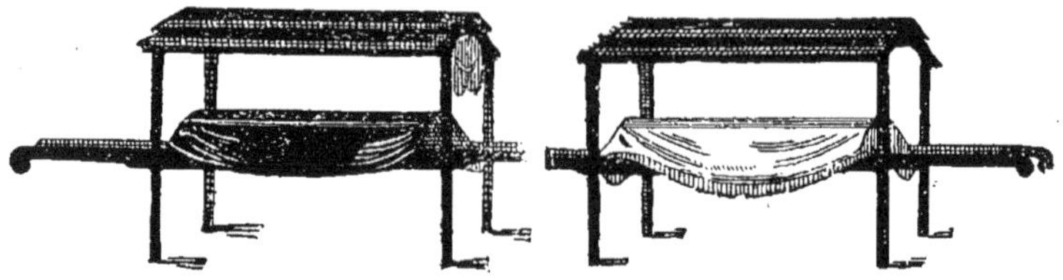

DRAP NOIR.   **DRAP BLANC.**

Même prix que pour les grandes personnes.

Huitième et Septième Classes.

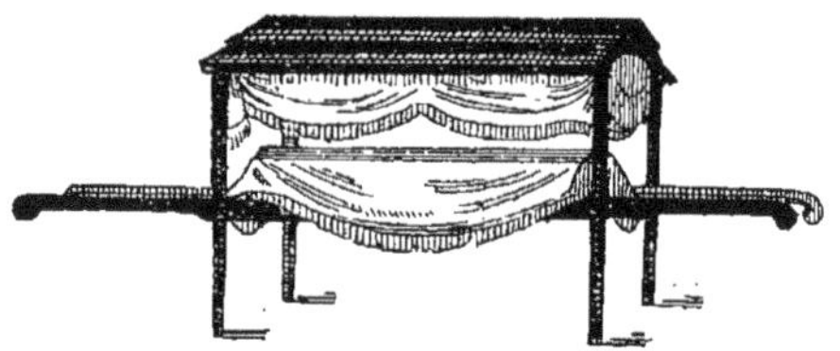

BRANCARD ORNÉ, AVEC GARNITURE EN BLANC, GALONS ET FRANGES EN COTON.

Diminution de 2 francs sur le prix du corbillard de la 8ᵉ classe, et de 12 francs sur le prix du corbillard de la 7ᵉ classe.

Sixième Classe.

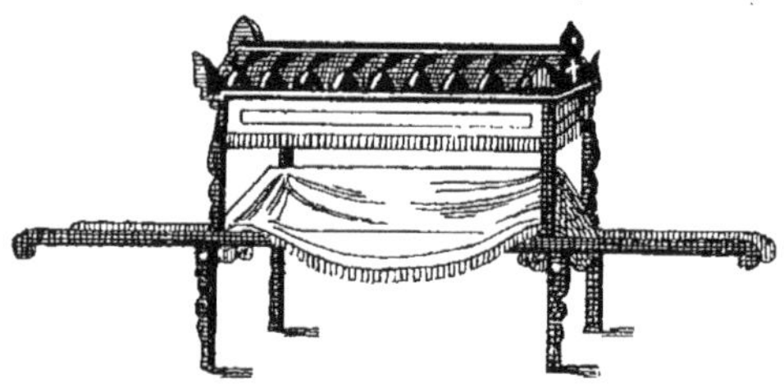

BRANCARD AVEC ORNEMENTS ET FRANGES EN ARGENT.
Diminution de 7 francs sur le prix du corbillard.

On trouve ces tableaux chez l'auteur, M. BALARD, rue Sainte-Croix de la Bretonnerie, 14, et rue la Roquette, 174.

Objets applicables aux diverses Classes (Fournitures réelles).

Couronne et bouquet pour les cinq premières classes........ 12 »
   Idem   idem   pour les quatre dernières, 6, 7, 8 et 9.. 3 »
Chaque armoirie peinte sur toile..................... 24 »
     —   rehaussée or......... .... 12 »
     —   peinte sur carton....... .... 12 »
     —   rehaussée or .... 6 »

Pleureuses, Crêpes, Gants, Voiles de tambour, Étoffes pour les pauvres de 1 à 6 fr.

Si une charpente est nécessaire pour les tentures, prix : 6, 9 et 12 fr., selon la classe.

GARNITURES.

EXTÉRIEURES.			INTÉRIEURES.		
DRAP.	VELOURS.		PERCALE.	LAINE.	SATIN.
60	120	Jusqu'à un an........	10	15	40
80	160	De 1 à 3 ans........	12	18	60
100	200	De 3 à 7 ans........	15	22	80
120	250	De 7 à 15 ans........	20	30	100
147	300	De 15 ans et au-dessus	30	45	120

AVIS.

Les efforts que fait l'administration pour délivrer les familles de visites, offres et obsessions de toute nature, ont inspiré la publication de ces tableaux, où sont représentées les diverses classes avec les prix et conditions fixés par le Cahier des charges qu'il est si important de connaître pour choisir et régler un service approprié aux convenances de chacun.

TRANSPORTS HORS PARIS.

Pour les transports hors Paris, en Province et à l'Étranger, l'Entreprise n'a aucun privilége, les familles ont la liberté d'en charger qui bon leur semble, pourvu que la décence et l'ordre public soient respectés.

TABLE DES MATIÈRES.

PARIS. — Imp. d'Emile Allard, r. d'Enghien, 14.